KB124864

타고 갈래?
메타버스

세상 궁금한 십대

소이언 지음

타고 갈래?

메타버스

우리학교

차례

탑승 전

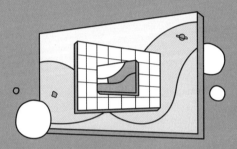

메타버스, 그 버스는
어디로 가나요?

M E T A V E R S E

늦기 전에 올라타라니까

"메타버스는 이미 시작되었다! 생활, 정치, 경제, 금융, 예술 모든 것이 메타버스로 가고 있다. MZ세대는 이미 메타버스에서 살고 있다. 늦기 전에 올라타라!"

요즘 여기저기서 들려오는 소리입니다. M세대는 1980년대 초반~2000년대 초반 무렵에 태어난 세대이고, Z세대는 1990년대 초반~2000년대 중반 무렵에 태어난 세대입니다. 그러니까 이 책을 읽는 여러분이 바로 Z세대이고 이미 메타버스에서 살고 있다는 말이지요. 아니, 학교와 학원 사이를 오가며 틈틈이 휴대 전화나 들여다보는 대한민국 십 대의 일상 중 도대체 무엇이 메타버스라는 걸까요? 이 버스는 어디로 가는 버스이기에 모두에게 지금 당장 올라타라는 걸까요?

202X년의 어느 평범한 하루, 청소년 Z는 자기 방에서 비스듬히 앉아 휴대 전화를 들여다보고 있습니다. 곧 보호자가 들어와 나름 다정한 목소리로 대화를 시도합니다.

"똑바로 앉지 그러니? 등뼈 휘면 키 안 큰다."

진짜 하고픈 말은 척추 건강에 관한 게 아니라는 사실을 잘 아는 Z는 그 자세 그대로 꼼짝도 하지 않습니다. 보호자는 목소리를 조금 더 높입니다.

"아니, 네가 하는 것도 아니고 남이 게임하는 걸 뭘 그렇게 열심히 보니? 차라리 로블록슨지 뭔지라도 하는 게 어때?"

Z는 당황합니다. 초등학생 때나 하던 로블록스라니, 보호자는 Z의 나이를 잊은 걸까요? 게다가 남이 게임하는 건 왜 보냐니, 당연히 재미있어서지요. 어른들도 '남들이' 공을 가지고 '게임하는' 야구나 축구 경기 영상을 그렇게나 열심히 보면서 왜 아이들의 똑같은 행동은 한심하게 여길까요?

"로블록스는 갑자기 왜요?"

"메타버스 모르니? 알렉스 발판츠라는 미국 고등학생은 글쎄, 로블록스로 100만 달러나 벌어서 대학 등록금을 마련하고도 11억 원이 남았다는데, 어휴."

"메타버스? 그거 그냥 게임 같은 걸 텐데……. 아! 설마 또 관련 주식 사신 거예요? 어휴."

그렇죠, 어휴. 보호자와 청소년의 대화 끝에는 각자의 작은 한숨이 남는 법이지요. 그리고 우리에게는 대화 속 '메타버스'가 남았습니다.

Z의 보호자처럼 평범하기 짝이 없는 사람들까지 메타버스

에 관심을 기울이게 된 이유는 무엇일까요? 어느 날 갑자기 등장한 메타버스가 뉴스 헤드라인을 장식하고 투자자들의 지갑을 열면서 순식간에 뜨거운 이슈로 떠올랐기 때문입니다.

"또 하나의 다른 세계! 완전히 새로운 미래!"

메타버스를 소개하는 말은 기대와 흥분으로 가득합니다.

메타버스 타고 저 너머 가상 세계로

메타버스를 이해하기 위해 먼저 그 뜻을 단어 그대로 풀어 봅시다. 세계 최대 소셜 미디어 그룹인 페이스북의 CEO 마크 저커버그는 17년 만에 회사 이름을 '메타'로 바꿨습니다. 그러면서 말했지요.

"새로운 회사 이름은 '저 너머beyond'라는 뜻의 그리스어 '메타'에서 영감을 얻었습니다. 저는 오랫동안 우리 회사가 메타버스 기업으로 보이기를 바랐답니다."

메타버스Metaverse는 저 너머 또는 초월을 뜻하는 '메타meta'와 세계를 뜻하는 '유니버스universe'를 합친 말입니다. '저 너머 세계'와 '초월 세계'라니, 말만 그럴듯할 뿐 뜬구름 잡는 소리

아닌가요? 그렇다면 저커버그는 자기 회사가 어떤 회사로 보이길 바라며 저런 말을 했을까요? 메타버스란 말이 언제 처음 등장했는지 살펴보면 답을 짐작할 수 있습니다.

로봇이란 말이 100여 년 전 카렐 차페크의 『로숨의 유니버설 로봇』이라는 희곡에서 탄생했듯, 메타버스도 30여 년 전에 닐 스티븐슨이 쓴 『스노 크래시』라는 소설에서 처음 등장했습니다. 메타버스는 최근에 갑자기 등장한 게 아니라 꽤 오래전에 생겨난 말인 거예요.

SF 소설 『스노 크래시』의 주인공은 한국계 어머니와 아프리카계 미국인 아버지 사이에서 태어난 '히로 프로타고니스트'입니다. 히로는 마피아의 빚에 쫓기는 피자 배달원이지만, 주인공답게 알고 보면 최고의 해커이자 뛰어난 검객이기도 합니다. 이 소설 속 사람들은 가상 세계에 자유롭게 접속하는데, 그곳의 이름이 바로 '메타버스'입니다.

소설은 꽤 흥미진진합니다. 가상 세계의 '스노 크래시'라는 일종의 컴퓨터 바이러스가 현실 세계 사람들의 뇌를 망가뜨려 버립니다. 마치 게임 속에서 어떤 캐릭터가 공격당하면, 그 캐릭터로 게임하던 현실의 인간이 실제로 통증을 느끼고 의자

『스노 크래시』는 영화사 20세기스튜디오와 방송국 HBO 등에서 오랫동안 영상 제작을 기획해 왔으나 논쟁적 내용으로 난항을 겪고 있다.

아래로 굴러떨어지는 것과 같지요. 히로는 역시나 주인공답게 스노 크래시의 배후를 찾아 나서고, 그로 인해 사건과 사고가 복잡하고도 화려하게 펼쳐집니다. 아쉽지만 지금 우리에게 중요한 건 가상 세계의 이름이 '메타버스'라는 사실이니까, 소설 이야기는 여기서 마칠게요.

『스노 크래시』 속 가상 세계와 그 세계에 아바타로 접속한다는 등의 독특하고 치밀한 설정은 훗날 많은 창작자에게 큰 영향을 끼쳤습니다. 온라인 가상 현실 서비스 '세컨드 라이프'

를 만든 개발자나 구글의 공동 창업자 래리 페이지도 이 소설에 깊은 영감을 받았다고 밝혔을 정도입니다.

2003년 탄생한 세컨드 라이프는 '3D 가상 현실 플랫폼'을 표방하며 이용자들이 아바타로 제2의 삶을 살도록 설계했습니다. 게임 속에서 아바타들이 서로 만나 파티도 열고 결혼도 하고 '린든 달러'라는 화폐도 만들어 경제 활동까지 할 수 있었지요. 하지만 사람들의 관심은 금방 식었습니다. 왜일까요? 콘텐츠는 부족하고 그래픽은 초라한 데다 시스템도 허술했기 때문입니다. 우리가 '가상 현실'이라는 말을 들으면 바로 떠올리는 SF나 영화 속 이미지와 거리가 멀어도 너무 멀었습니다. 기술의 한계였지요.

가상 현실을 다룬 영화 〈레디 플레이어 원〉을 들여다볼까요? 때는 2045년, 미래를 다룬 영화가 흔히 그렇듯 환경 파괴와 식량 부족, 인구 과잉과 극심한 빈부 격차로 지구는 엉망진창입니다. 그런 세상에도 탈출구가 있는데 바로 놀라운 가상 세계 '오아시스'입니다. 주인공 웨이드 와츠는 가난한 고아로 이모 집에 얹혀살다가 가상 세계 속 모험에 뛰어들어 미션을 하나하나씩 풀어 갑니다.

가상 세계로 들어가는 데 필요한 것들

웨이드는 가상 현실에 접속할 때마다 번쩍이는 고글 같은 헤드셋 기계를 씁니다. 그 이름도 복잡한 '헤드 마운티드 디스플레이HMD, Head Mounted Display'라는 장치지요. 그것만 쓰면 피라미드에서 썰매를 타고 배트맨과 히말라야산맥을 누비며 외계 행성에서 짜릿한 전투를 즐길 수 있습니다.

영화 속 인물들은 오아시스에 들어갈 때 성별, 나이, 외모, 국적 등 모든 것을 바꿀 수 있습니다. 철저하게 익명성이 보장된 상태로 원하는 모든 일을 할 수 있다니, 매력적이지 않나요? 헤드셋만 쓰면 현실의 나와는 완전히 다른 내가 된다니! 내 본래 캐릭터가 아닌 이른바 부캐릭터를 만드는 사람이 늘어나는 요즘 상황과 자연스럽게 겹치는 이야기입니다.

페이스북은 몇 년 전부터 가상 현실 체험 헤드셋을 만드는 업체인 오큘러스를 인수하고 가상 현실 서비스 '호라이즌 월드'를 공개했습니다. "페이스북의 미래는 메타버스에 있습니다. 우리는 소셜 미디어 기업이지만 근본적으로는 사람들을 연결하기 위한 기술을 만드는 회사입니다."라고 발표하면서요.

마이크로소프트도 페이스북처럼 '홀로렌즈'라는 일종의 가상 현실 체험 기기를 가지고 있습니다. 화상 회의 서비스인 '메시'를 내놓으며 "이것은 모든 작업이 온라인에서 진행되는 메타버스 시대의 미래 비전이다. 우리는 더 생동감 있는 메타 비스를 구축하겠다."라고 선언하기도 했습니다.

우리나라의 네이버도 가상 캐릭터인 아바타를 제공하는 '제페토'에 이어 최근 '아크버스'라는 서비스를 공개했지요. "온라인 세계의 네이버를 현실의 물리 세계와 자연스럽게 연결하는 것이 우리 목표다. 아크버스는 새로운 메타버스 생태계다."라는 말과 함께요.

공상 과학에 머물러 있던 가상 현실이 드디어 우리 곁으로

성큼 다가온 걸까요? 하루가 다르게 발전하는 정보 통신 기술ICT을 생각한다면 그리 놀랄 일도 아닙니다. 점점 진화하는 인공 지능AI, 시계와 자동차와 냉장고를 넘어 생활 속 온갖 물건이 네트워크로 연결되는 사물 인터넷IoT, 거기에 속속 개발되는 각종 가상 현실 체험 기기까지……. 영화가 현실이 되는 일은 가능해 보입니다.

하지만 궁금합니다. 왜 그동안 흔히 쓰던 가상 현실이란 말대신 '메타버스'란 말을 쓰는 걸까요? 페이스북이나 마이크로소프트, 네이버가 이야기하는 메타버스는 영화 속 가상 현실과 얼마나 비슷하고 얼마나 다를까요? 글로벌 기업들은 왜 가상 현실 서비스에 이토록 어마어마한 돈과 에너지를 투자하는 걸까요? 나중에는 정말 〈레디 플레이어 원〉의 오아시스 같은 가상 세계 서비스를 만들려는 것일까요?

그런데 메타버스가 뭔지 미처 알아차리기도 전에 또 다른 목소리가 들려옵니다. 메타버스의 파도가 전 세계를 한 차례 휩쓸고 나자 "메타버스는 거품"이라는 말이 나온 거예요. 메타버스가 앞으로 더 거대한 파도가 될 거라는 사람들도 많지만, 한편으로는 기업과 투자자 들이 부풀린 신기루가 아닐까 우려

하는 거지요. 더 많은 자본을 끌어들이고 주식 시장에서 주가를 올리려 한다고요. 하지만 메타버스가 지금 우리 삶을 바꾸려 하는 건 분명한 사실입니다. 어떤 점에서 그런지, 스테이크를 예로 들어 이야기해 볼까요?

가짜 세계에서 진짜 스테이크를 먹고 싶다면

청소년 Z는 스테이크를 좋아합니다. 비싸서 자주 먹을 수는 없지만요. 최근 들어 희생되는 동물들과 망가지는 지구 환경을 위해 육식을 자제하리라 결심했기에, 가끔 먹는 것에 만족하고 있습니다.

오늘따라 Z는 스테이크가 먹고 싶습니다. 휴대 전화로 맛집을 검색하니, 윤기가 자르르 흐르는 먹음직스러운 스테이크 사진이 연달아 뜹니다. SNS에 스테이크 사진을 올리고 유튜브에 접속해 BJ가 스테이크를 먹는 모습을 봅니다. 모바일 게임에 접속해 아바타에게도 스테이크를 먹입니다. 살짝 대리 만족을 느끼지만, 여전히 아쉽습니다.

결국 Z는 진짜 스테이크를 먹기로 합니다. 바이러스와 떡

진 머리, 밀린 숙제를 떠올리자 식당까지 가기 망설여져 친구를 게임 속 레스토랑으로 불러냅니다. Z의 아바타가 친구의 아바타와 화면 속 레스토랑에 마주 앉아 스테이크를 먹는 동안, Z와 친구도 각자 배달 앱으로 주문한 스테이크를 먹습니다. 이때 Z의 스테이크는 3D 프린터에 소의 줄기세포를 넣어 만든 배양육 스테이크입니다. 친구의 스테이크는 콩 단백질과 식물성 향신료로 만든 100퍼센트 비건 스테이크입니다.

다음 날도 스테이크를 먹고 싶지만, 돈도 양심도 건강도 허락하지 않습니다. 고민하던 Z는 HMD를 얼굴 전체에 뒤집어 쓰고 가상 현실 식탁에 접속합니다. 그리고 손을 움직여 눈앞의 스테이크를 입 가까이 가져옵니다. 그러자 HMD에 연결된 전극이 혀와 코의 상피 세포를 자극하고 뇌에도 전기 자극을 줍니다. Z는 후각 자극으로 스테이크 냄새를 느끼고, 턱 근육에 준 파동으로 씹는 듯한 식감을 느끼고, 혀에 준 전기 자극으로 풍부한 맛을 느끼고, 뼈 전도 변환기로 씹는 소리를 들으며 진짜 스테이크를 먹는다고 착각합니다. 오감 만족 0칼로리의 완벽한 식사지요. 여러분도 머지않아 이 가상 스테이크를 먹을 수 있습니다. 기술은 이미 개발되어 있고, 널리 쓰일 날만

러시아 한 농장의 소가 HMD를 쓴 채 가상 현실 초원을 경험하고 있다.

기다리고 있으니까요.

심지어 2019년 러시아에서는 소에게 HMD를 씌워 가상 현실을 체험시킨 연구가 진행되었습니다. 좁고 열악한 축사에 갇혀 스트레스를 받는 소에게 가상 현실 고글을 씌운 뒤 푸르른 여름의 넓고 싱싱한 들판을 보인 거예요. 그 소들은 불안한 행동을 보이지 않고 차분해졌습니다. 연구자들은 이러한 체험을 통해 소의 육질과 우유 생산성을 개선할 수 있다고 말했습니다.

어쩌면 앞으로 우리가 살아갈 세상은 고기를 프라이팬에

구워 먹는 것만으로는 충족될 수 없는 곳이 될지도 모릅니다. 온라인 세상에 접속하지 않는 삶은 누구도 만족할 수 없고 상상도 할 수 없는 세상이 되어 버렸기 때문입니다.

왜 우리에게는 먹는 방송과 음식 배달 앱과 가상 현실 식탁이 필요할까요? 왜 배양육 스테이크와 비건 스테이크 그리고 가상 스테이크가 만들어질까요? 왜 소에게까지 HMD를 씌우려 할까요? 질문은 계속됩니다. 과연 어떤 기술이 이런 스테이크를 만들어 냈을까요? 생활 방식과 기술의 변화는 앞으로 어떤 문제를 불러올까요?

이 모든 질문에 관한 답이 메타버스와 연결되어 있습니다. 우리는 지금부터 메타버스가 무엇인지 알기 위해 정보 통신 기술의 역사를 살피고 NFT나 거울 세계, 디지털 트윈, 실감 콘텐츠 같은 새로운 개념도 만날 것입니다. 그러면서 우리가 사는 세상이 어디로 어떻게 가려 하는지, 왜 그렇게 가려 하는지, 그리고 우리는 무엇을 준비해야 하는지 이야기하려 합니다. 그래야 가상 현실의 스테이크 만찬이 끝났을 때 실제 우리 배 속에서 꼬르륵 소리가 나지 않을 테니까요. 자, 이제 새로운 세계로 발을 내디뎌 볼까요?

첫 번째 정거장

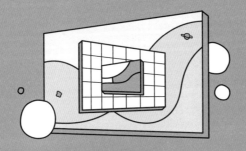

리부트 메타버스

: 앞당겨진 미래를 만나다

METAVERSE

당신의 눈앞에 미지의 세계가 펼쳐진다

메타버스는 아는 사람들만 알고 대부분 모르는 단어였을 뿐, 우리는 늘 가상 세계를 상상해 왔습니다.

조지 오웰의 『1984』와 함께 기술 문명이 불러올 암울한 미래를 경고한 고전 소설이 있습니다. 바로 1932년에 출판된 올더스 헉슬리의 『멋진 신세계』입니다. 이 소설도 일찍이 가상 현실을 묘사했지요. 영화 〈토탈 리콜〉로 만들어진 필립 K. 딕의 단편 소설 「도매가로 기억을 팝니다」, 만화 〈공각기동대〉 등 가상 세계를 다룬 작품은 셀 수 없이 창작되었습니다. 〈매트릭스〉, 〈아바타〉, 〈레디 플레이어 원〉 등 가상 세계를 다룬 영화도 잊을 만하면 등장해 크게 흥행하곤 했습니다.

그러다 2015년 전후로 기술이 크게 발전하면서 드디어 가상 현실 기기가 대중화되기 시작합니다. 영화에서처럼 날렵하고 얼굴에 착 붙는 기기는 아니었지만, 여기저기서 많은 사람이 머리에 크고 무거운 헤드셋이나 헬멧 모양 HMD를 뒤집어쓴 채 작은 놀이기구 같은 것에 올라타기를 즐겼지요. 전 세계적으로 잠깐이나마 '가상 현실 체험' 열풍이 뜨겁게 불었습니다. 떠오르는 미래 기술이라며 당시 우리나라 대통령이 가상 현실 속 석굴암을 어색하게 체험하는 모습이 방송을 탈 정도였습니다.

여러분도 어린 시절을 떠올려 보세요. 놀이공원에서 롤러코스터를 신나게 타고는 굳이 부모님을 졸라 따로 몇천 원을 더 내야 하는 VR 롤러코스터를 타 본 적 없나요? 그래요, VR! 그때는 가상 현실을 VR Virtual Reality이라고 불렀습니다. 나름대로 미래적인 겉모습을 한 움직이는 기계 장치, 그 안에서 왠지 어설프게 흘러가던 그래픽 화면, 살짝 어지럽고 메스꺼웠던 기분……. 그래도 어느 순간 진짜 롤러코스터를 타는 듯한 느낌이 들었을 거예요.

하지만 웬만한 쇼핑몰 구석에서도 쉽게 찾을 수 있을 만큼 유행했던 VR 체험존은 얼마 지나지 않아 순식간에 자취를 감추고 맙니다. "VR 별거 아니네! 소비자 외면에 체험 공간 손님 뚝." 2017년 2월 어느 날의 뉴스 제목이 바뀐 현실을 적나라하고도 확실히 보여 줍니다. 낯설고 신기하지만 그 이상도 이하도 아니었던 가상 현실은 이렇게 사람들 관심에서 멀어지고 말았습니다.

추억을 더듬다 보니 떠오르는 게 또 하나 있지 않나요? '포

HMD와 석굴암 VR을 체험하는 관람객들. QR 코드로 석굴암 가상 현실 제작 영상을 만나 보자.

켓몬 고' 말이에요. 게임 앱을 실행하자마자 피카츄와 파이리 가 내 방에 나타났지요. 휴대 전화를 들고 몬스터를 잡으러 온 사방을 헤매던 사람들은 지금 다 어디서 뭘 하고 있을까요? "포켓몬 고는 VR이 아니라 AR_{Augmented Reality, 증강 현실}이야."라는 말들에, 도대체 뭐가 뭔지 머리가 아팠을 거예요.

그런데 아직도 가상인지 증강인지 헷갈리는 포켓몬 고를 이제 사람들은 메타버스라고 이야기합니다. "암, 포켓몬 고는 메타버스지. 아주 훌륭한 메타버스야." 하고 말이에요. 심지어

'모여봐요 동물의 숲'도 당연하다는 듯 메타버스라고 추켜세웁니다. 평화로운 풍경을 배경으로 귀여운 동물들과 함께하는 게임이지만, 알고 보면 너구리에게 빚지고 무인도에 떨어져 노동하는 그 게임을 말이에요.

이 게임들은 메타버스란 말이 유행하기 전에 만들어졌고 메타버스로 분류되기 전에도 사람들이 활발히 이용했는데, 왜 갑자기 메타버스의 대표 선수가 된 걸까요?

메타버스의 대표 선수, '게임'을 소개합니다

VR과 AR은 다음 장에서 자세히 살펴보기로 하고, 게임 이야기를 더 해 볼까요? 지금 말하는 게임은 오징어 게임이나 탑골 공원 어르신들의 바둑 내기처럼 현실에서 직접 몸을 쓰는 게임이 아닙니다. 최고급 게임용 모니터든 깨진 휴대 전화 액정이든, 메타버스라 불리는 게임이 되려면 어딘가에 프로그램이 펼쳐져야 합니다. 이 어딘가를 우리는 흔히 '디스플레이display'라고 부릅니다. 정확히 표현하면 우리가 눈으로, 즉 시각으로 정보를 확인할 수 있는 출력 장치입니다.

디스플레이가 있어야 메타버스가 가능하다
2만 년 디스플레이의 역사

미래 디스플레이
플렉서블과 홀로그램

접거나 둘둘 감거나 눌릴 수 있는 화면과 허공에 입체 정보를 띄우는 홀로그램 기술이 개발되고 있다.

전자 디스플레이의 탄생
브라운관

1897년 독일의 카를 브라운이 음극선관과 전자총으로 이루어진 수신기를 발명했다. 흑백 TV와 컬러 TV, 컴퓨터 모니터로 사용되었다.

평판 디스플레이의 등장
LCD, PDP, OLED

액정, 플라즈마, 유기 발광 다이오드 등을 이용한 디스플레이의 혁신으로, 크고 얇고 가볍게 만들 수 있다.

움직임을 담다
영사기

1895년 프랑스의 뤼미에르 형제가 시네마토그래프를, 1889년 미국의 토머스 에디슨이 키네토스코프를 발명했다.

있는 그대로의 모습을 담다
사진

1826년 프랑스의 조제프 니에프스가 금속판 위에 상을 정착해 최초의 사진을 만들어 냈다.

최초의 디스플레이
스페인 알타미라 동굴 벽화

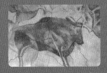

정보를 다른 사람에게 전달하기 위해 만들어진, 인류의 가장 오래된 디스플레이이다.

지식 전달의 혁명
파피루스, 종이의 발명

석판이나 점토판보다 기록과 관리, 전달이 쉬워 문명 발전의 기폭제가 되었다.

그런데 메타버스가 되려면 디스플레이만으로 부족합니다. 문방구 앞 작은 오락기나 옛날 오락실의 커다란 테트리스 게임기는 작동 방식이 음료수 자동판매기와 다를 게 없습니다. 화면이 있다고 해도 메타버스라고 할 수 없지요.

메타버스라 불릴 수 있는 게임이 되려면, 일단 네트워크에 접속되어야 합니다. 컴퓨터나 스마트패드, 휴대 전화 같은 모바일 기기를 이용해 온라인 상태에서 플레이할 수 있어야 해요. 그리고 내가 아닌 다른 누군가가 반드시 이 게임에 함께 접속해 있어야 합니다.

마침 추억을 더듬던 중이었으니 메타버스로 딱 적당한 게임을 떠올려 봅시다. 마인크래프트를 기억하죠? 도티와 잠뜰의 목소리가 아직도 귓가에 생생할 거예요. 마인크래프트는 모든 것이 네모난 블록으로 이루어진 만능 세상입니다.

마인크래프트와 블록 장난감인 레고를 비교해 볼까요? 레고는 훌륭한 장난감입니다. 성도 쌓고 해적선도 만들고 메가시티에 우주 기지까지 얼마든지 건설할 수 있지요. 하지만 아무리 레고를 많이 사 모으고 넓은 공간에서 끝없이 블록을 조립한다 해도, 레고로 만드는 창작물에는 넘을 수 없는 한계가 분명히 존재합니다. 게다가 그런 식으로 레고를 조립하려면 엄청나게 큰돈이 듭니다.

마인크래프트는 어떤가요? 지구 넓이의 약 8배라는, 그 넓이를 가늠할 수 없을 만큼 아득한 공간에서 건축은 물론 사냥, 농사, 탐험, 예술 창작, 설계, 자체 게임 제작에 이르기까지 무엇이든 할 수 있습니다. 어떤 한계나 제약도 없습니다. 끝없는 가상 공간이 새롭고 놀라운 세상을 펼쳐 보입니다.

레고가 현실 세계라면 마인크래프트, 즉 게임 속 세상은 가상 세계입니다. TV든 컴퓨터든 휴대 전화든, 눈앞의 디스플레이에 컴퓨터 그래픽으로 만든 화면이 흘러갑니다. 우리는 가상 세계로 들어갈 때 나를 대신할 캐릭터를 골라 화면 속을 누빕니다. 내가 키보드의 공격 버튼을 누르면 화면 속 전사도 무기를 휘두르고, 내가 닌텐도 스위치 버튼을 오른쪽과 위로 조작하면 슈퍼마리오도 오른쪽으로 이동해 점프합니다. 화면 속 캐릭터는 현실 속 나와 분명히 이어져 있습니다.

이때 가상 세계에 들어간 또 다른 나를 부르는 이름이 따로 있습니다. 아바타avatar라고 하지요. 고대 인도 언어인 산스크리트어에서 온 말로, '하늘에서 내려온 자', '분신', '화신'이란 뜻입니다. 원래는 신들의 분신을 뜻하는 종교적인 말이었지만, 온라인 게임이 퍼지기 시작할 무렵부터 이용자가 조작하는 캐릭터를 가리키는 말로 쓰이기 시작했습니다. 오늘날 아바타는 게임은 물론 SNS나 온라인 커뮤니티 등 사이버 공간에서 이용자를 대신하는 모든 캐릭터를 가리킵니다.

다시 마인크래프트로 돌아와 봅시다. 마인크래프트에는 그 전까지 나왔던 게임들과 크게 다른 것이 하나 있는데, 정해진 목적이나 스토리가 없다는 점입니다. '자유도'가 높다고도 표현하지요. 마치 모래 놀이처럼 무엇이든 마음대로 할 수 있어서 샌드박스 게임이라고 부릅니다.

보통 게임은 납치된 왕자와 공주를 구하거나, 괴물과 좀비를 물리치거나, 전쟁에서 승리해야 하는 등의 '목적'이 있었으니까요. 하지만 마인크래프트는 그저 자유롭게 멋대로 나만의 세상을 만들어 내면 됩니다. 우리가 살아가는 현실 세계에서 저마다 삶의 목적을 찾아 꿈을 이루어 가듯, 마인크래프트도 게임 속에서 상상력과 창의력으로 자신만의 목적을 이루어 가면 됩니다. 게임 속 가상 세계의 상황이 현실 세계와 몹시 닮은 꼴입니다.

무엇이 왜 메타버스를 소환했을까?

로블록스도 마인크래프트처럼 가상 공간에서 무엇이든 할 수 있는 게임입니다. "메타버스?" 하면 바로 "로블록스!"라고 대답할 정도로 유명하지만, 사실 우리에게 그다지 친숙한 게임은 아닙니다.

로블록스는 아기자기한 레고 모양 아바타가 가상 세계를 자유롭게 탐험하는 게임으로, 이용자 대부분이 9~12살 어린이입니다. 한 달에 약 1억 명에서 1억 5천만 명이 활발히 접속하고 심지어 유튜브보다 2.5배나 많은 시간을 로블록스에서 보낸다고 하니, 온 세상 아이들이 얼마나 로블록스에 푹 빠져 있는지 알 수 있습니다.

그런데 사실 로블록스는 얼마 전까지만 해도 그렇게까지 큰 인기가 없었습니다. 신기하게도 최근 한두 해 사이에 이용자가 폭발적으로 늘었지요. 혹시 로블록스가 그사이에 대대적 업데이트라도 한 걸까요? 그렇지 않습니다. 아이들이 로블록스라는 가상 세계에 푹 빠진 이유는, 다름 아닌 코로나19 바이러스 때문이었습니다. 팬데믹 상황에 밖으로 나가지 못하는 대신 가상 세계로 나아간 것이지요.

그 시절 미니룸에서 메타버스 편의점까지
뜨고 지는 메타버스 대표 선수들

1999~2019년 ◯ 싸이월드

SNS와 메타버스의 실마리를 품은 PC 기반 사회 관계망 서비스
아바타인 '미니미', 가상 속 나만의 방인 '미니홈피'를 제공
하고 사이버 머니 '도토리'로 아이템과 배경 음악을 구매한
다. 온라인 커뮤니티 공간으로 큰 인기를 누렸지만 모바일
시대의 변화를 따라잡지 못했다.

2003~2010년 ◯ 세컨드 라이프

20년 전에 탄생한 메타버스 서비스의 시초
가상 세계에서 아바타로 일상생활을 영위하며 '린든 달러'
로 수익을 만들어 낸다. 은행과 컴퓨터 회사 등이 홍보 행사
를 열기도 했다.

2006년 탄생 ◯ 로블록스

이용자가 직접 게임을 만드는 동시에 다른 이가 만든 게임을
즐길 수 있는 플랫폼
모임, 업무, 일상생활을 할 수 있다. 2020년부터 주목받기
시작해, 하루 5천만 명이 2,700만 개가 넘는 게임 콘텐츠에
접속한다. '로벅스'로 콘텐츠를 제작·판매하면 현실에서 큰
수익을 낼 수 있다.

2011년 탄생 ● 마인크래프트

3차원 가상 공간에서 뭐든 할 수 있는 샌드박스 게임
스웨덴에서 탄생했고 마이크로소프트가 인수했다. 콘텐츠를 무한히 창작할 수 있으며 '마인 코인'으로 창작물 거래를 할 수 있다. 코로나19 사태 이후 대학교의 입학식과 졸업식, 어린이날 행사, 나이키 필드데이 등 브랜드 행사가 자주 열린다.

2017년 탄생 ● 포트나이트

에픽게임즈에서 서비스하는 배틀 로얄식 온라인 서바이벌 슈팅 게임
소셜 공간인 파티로얄에서 콘서트, 제품 설명회 등 다양한 행사와 공연을 할 수 있다. '벅스'로 아이템을 구매할 수 있다. 마블, DC, 닌텐도, 플레이스테이션, 엑스박스 등 다양한 플랫폼의 플레이를 지원하는 크로스 서비스를 제공한다.

2018년 탄생 ● 제페토

얼굴 인식과 AR, 3D 기술을 활용해 자신만의 3D 아바타로 소셜 활동을 즐길 수 있는 아바타 플랫폼
'코인'과 '젬'을 이용해 누구나 아이템을 생산하고 판매해 수익을 올릴 수 있다. 한강 공원 편의점부터 구찌, 루이뷔통 등 명품 매장까지 이용할 수 있다. 브랜드 홍보 행사, 업무와 회의, 입학식, 수업, 팬미팅, 콘서트 등 다양한 행사가 열린다.

2020년
2021년
2022년
⋮

● 게더타운, 이프랜드, 메타팩토리, 메타딜링룸…

게더타운은 온라인 회의와 수업 시스템으로 가상 교실과 가상 회의실을 제공한다. 이프랜드는 제페토와 같은 소셜 가상 공간과 콘텐츠를 제공한다. 자동차 회사들은 메타버스 시승 행사를 넘어 가상 공간에 실제 공장과 똑같은 메타팩토리를, 은행들은 가상 공간 점포인 메타딜링룸을 준비 중이다.

원래 미국 어린이들은 다른 나라 어린이들보다 게임을 많이 하는 편이 아니었습니다. 그런데도 2021년 미국 어린이의 75퍼센트가 로블록스에 접속했습니다. 팬데믹이 아이들에게 집 가까운 곳의 외출만을 허락했기 때문입니다. 미국은 국토가 워낙 넓어 뉴욕이나 LA 같은 대도시가 아니면 학교든 마트든 친구 집이든 모든 곳이 멀리 떨어져 있습니다. 우리나라는 마스크를 쓰고 이웃집 친구들과 인사라도 할 수 있었지만, 미국 어린이들은 또래를 만날 기회가 거의 없었지요. 외로워진 아이들은 친구를 만나기 위해 로블록스에 접속했습니다.

물론 로블록스가 마인크래프트처럼 자유도가 높은 게임이고, 다른 게임과 달리 이용자가 게임을 만들어 팔아 현금을 벌 수 있는 시스템이 있다는 점도 중요했습니다. 하지만 그런 장점들은 과거 다른 게임에도 있었습니다. 로블록스가 큰 성공을 거둔 건 자신만의 캐릭터를 꾸민 뒤 친구를 만나기 위해 가상 세계로 떠난 수많은 어린이 덕분이었습니다.

물건을 잘 파는 방법을 담은 한 마케팅 책에는 "당신의 외로움이 누군가에게는 돈이 된다."라는 문장이 나옵니다. 왠지 찜찜하지만 고개를 끄덕일 수밖에 없지 않나요? 외로운 아이들 덕분에 이용자가 기하급수적으로 늘어난 로블록스는 주식 시장에 등장하자마자 주가가 치솟았습니다.

메타버스 타고 가는 또 다른 세상

사람이 몰리는 곳에는 돈도 함께 몰리기 마련입니다. 로블록스 주식으로 돈을 버는 사람이 늘어나자 "로블록스는 메타버스, 메타버스는 돈이 된다!"라는 이야기가 퍼지기 시작했습니다. 당연히 메타버스를 향한 관심이 커질 수밖에 없었습니다.

그래요, 이미 예전에 한 차례 유행이 지나간 메타버스와 아바타, VR과 가상 세계를 다시 소환한 것은 결국 '돈'입니다. 자본주의 사회에서 돈보다 힘이 센 게 있을까요? 메타버스가 새롭게 부상하면서 '돈'을 끌어모으기 시작한 이유는 크게 두 가지 정도로 이야기할 수 있습니다.

첫 번째는 팬데믹 때문입니다. 바이러스를 피해 사람들이 집 안에 있는 시간이 길어지면서 어쩔 수 없이 비대면 강의와 재택근무가 늘어났지요. 얼굴을 맞댄 만남이 사라진 자리를 사람들은 가상 세계 속 만남으로 채웠습니다. 아바타를 앞세워 서로의 안부를 묻고 공부도 하고 일도 했지요. 현실보다 가상 세계에서 더 많은 시간을 보내게 된 것입니다.

그리고 시대의 변화와 유행에 가장 발 빠르게 대처하는 엔터테인먼트 회사들이 움직이기 시작했습니다. 코로나19 탓에 콘서트를 열지 못하게 된 가수들이 온라인 게임 안에서 공연하고, 온라인 단편 애니메이션 영화제가 열리기도 했습니다.

포트나이트라는 배틀 게임에는 싸우지 않아도 되는 '파티로얄' 모드가 있습니다. 플레이어들은 그곳에서 스카이다이빙이나 공연을 즐길 수 있지요. 미국의 힙합 가수 트래비스 스콧이 2020년 파티로얄에서 온라인 콘서트를 열었는데, 2770만 명이 참여하고 2천만 달러약 216억 원 가까운 수익을 올렸어요. 코로나 직전의 오프라인 콘서트 수익이 170만 달러약 18억 원였다고 하니, 메타버스 덕분에 더 큰 돈을 번 셈입니다.

세계적인 케이팝 그룹 BTS도 파티로얄에서 뮤직비디오를 공개했습니다. 가상 세계 속 무대에서 음악이 시작되자 사람들은 저마다 자신의 캐릭터로 춤을 추며 즐겼습니다. 거리 두기로 모일 수 없는 상황에서 모두가 함께 춤출 수 있는 새롭고도 즐거운 경험이었지요.

메타버스 콘서트가 열리는 포트나이트 파티로얄의 메인 스테이지.

메타버스가 돈을 끌어모은 두 번째 이유는 기술의 발전입니다. 여러분은 스마트폰이 이토록 널리 쓰이게 된 가장 큰 이유가 무엇이라고 생각하나요? 여러 가지 기능과 온갖 프로그램을 손바닥만 한 작은 기계에 담을 수 있게 한 컴퓨터 기술의 발전? 누구나 마음을 빼앗길 수밖에 없는 멋진 디자인과 스티브 잡스의 천재적인 마케팅? 갤럭시폰을 앞세워 단숨에 세계 시장을 따라잡은 우리나라의 저력? 이 모든 게 중요했지만, 무엇보다 큰 역할을 한 것은 네트워크 기술의 발전이었습니다.

통신망이 없고 인터넷이 연결되지 않는 곳에서 스마트폰이 다 무슨 소용인가요? 와이파이가 없는 곳에서 스마트폰은 한낱 계산기와 사진기, 메모장 정도의 역할밖에 못 합니다.

3세대 통신 기술이었던 3G 네트워크는 무선 모바일 기기에서 메일을 확인하고 정보를 검색하고 음악을 실시간으로 재생하는 스트리밍을 가능하게 만들었습니다. 스마트폰 산업이 발전할 수 있는 토대를 마련한 것입니다.

궁궐 전화에서 세계 최초 5G까지
우리나라 통신망 역사 140년

출발!

1885년 한성 전보 총국 개국
1896년 경운궁에 첫 전화기 개통
1932년 첫 국제 전화 개시
1975년 유선 전화 1백만 회선 돌파
1982년 무선 호출(삐삐) 서비스 시작

1G

1984년 아날로그 이동 통신망 개시
　　　　　음성 콘텐츠 전송
　　　　　카폰과 벽돌폰 등장
1988년 유선 전화 1천만 회선 돌파
1994년 인터넷 서비스 시작

2G

1996년 세계 최초 CDMA 방식 상용화
　　　　　문자 사진 디지털 전송
　　　　　카메라, MP3를 탑재한 피처폰
1999년 이동 전화 가입자 1천만 돌파
2002년 와이파이 서비스 시작

네트워크 기술이 한 단계 더 발전해 4세대 통신 기술인 LTE, 4G 네트워크가 가능해지자 어떤 일이 일어났을까요? 더 많은 정보를 더 빠르게 끊김 없이 전송해 동영상을 실시간으로 재생할 수 있었습니다. 유튜브는 프로그램이 훌륭하거나 콘텐츠가 많아서가 아니라, 언제 어디서나 동영상 스트리밍이 가능한 4G 네트워크 환경 덕분에 빠르게 대중 미디어로 자리 잡았지요.

3G
2003년 WCDMA 국내 상용화
  인터넷 접속과 영상 통화 가능
  스마트폰의 탄생과 놀라운 진화
2009년 국내 스마트폰 도입
2010년 이동 전화 가입자 5천만 돌파

4G
2011년 LTE 국내 첫 상용화
  실시간 동영상 막힘 없이 재생
  SNS, 모바일 게임 등 앱 전성시대
  속도 경쟁 시작
2018년 국민 95퍼센트 스마트폰 사용

5G
2019년 세계 최초 5G 상용화
  초연결 시대의 개막
  자율 주행, IoT, 원격 의료, 스마트 시티
  가상 현실 서비스, 실감 콘텐츠 부상
  코로나로 인한 비대면 사회 뒷받침

메타버스가 펼쳐지는 가상 세계는 화면 속에서 모든 풍경이 360도 동영상으로 전개되고 이용자가 아바타를 움직일 때마다 정확히 반응해야 합니다. 그러려면 엄청난 용량의 데이터가 전송되어야 하고요. 초고용량 정보를 초고속으로 전송할 수 있는 5G가 꼭 필요한 것입니다.

어마어마한 데이터를 다루는 인공 지능이나 자율 주행 자동차, 사물 인터넷이나 스마트 시티도 안정적인 5G 네트워크를 바탕으로 합니다. 4차 산업 혁명에서 그토록 5G를 강조하는 이유도 이 때문입니다.

하지만 여러분은 5G 서비스에 불만을 터뜨리는 사람들을 흔히 봤을 거예요. 당연합니다. 우리가 지금 이용하는 콘텐츠들은 굳이 5G가 필요하지 않으니까요. 5G를 실감할 새로운 콘텐츠가 없으니 3G에서 LTE로 넘어오며 맛보았던 변화를 체감할 기회가 별로 없습니다. 게다가 요금은 비싸고 기술도 아직 안정적이지 않은 5G가 탐탁할 리 없지요.

그래서 LTE와 4G로 소화하기 힘든 메타버스 게임들이 팬데믹 상황에 주목받자, 기업들은 이를 5G가 널리 쓰일 기회로 삼고 싶어 했습니다. 무엇보다 앞으로 소비자가 될 MZ세대가 메타버스에 몰입하는 모습을 보이자 적극적으로 투자하기 시작합니다. 새로운 기술은 새로운 시장을 만들고, 새로운 시장은 더 큰 이익과 성장을 보장하는 법이니까요.

세계적인 IT 기업 엔비디아의 CEO 젠슨 황은 2020년에 "메타버스의 시대가 오고 있다. 그곳에서 우리의 미래를 만들 것이다."라고 말했습니다. 넷플릭스 창업자 리드 헤이스팅스도 2019년에 "넷플릭스의 최대 경쟁자는 디즈니가 아니라 메타버스인 포트나이트다."라고 했지요. ICT 기업들은 메타버스가 사람들의 관심사로 다시 떠오를 날만을 손꼽아 기다려 왔는지도 모릅니다.

메타버스를 기다리는 사람들

자, 제법 긴 이야기를 나누었지만, 그래도 여전히 메타버스가 뭔지 아리송할 거예요. 뭔가를 제대로 알고 싶을 때는 일단 종류부터 따져 보면 도움이 됩니다. 로블록스나 모여봐요 동물의 숲 같은 온라인 게임은 앞서 살펴보았습니다. 그렇다면 페이스북이나 인스타그램 같은 SNS, 쿠팡이나 당근마켓 같은 온라인 거래 앱, 배달의민족이나 요기요 같은 음식 배달 앱도 전부 메타버스로 분류된다는 사실을 알고 있나요? 아니 이게 무슨 일일까요? 메타버스가 아닌 게 있긴 한 걸까요? 알려고 하면 할수록 아리송하다니, 메타버스는 대체 어디로 가는 버스인 걸까요?

그럴 수밖에 없습니다. 메타버스는 이제 막 만들어지고 있기 때문입니다. 여기저기서 새로운 개념과 시도들이 계속 쏟아져 나오고 있으니 혼란스러울 수밖에요. 하루가 다르게 발전하는 기술에 힘입어 가상 세계는 점점 현실 세계와 닮아 가고 있습니다. 왠지 모를 거부감에 그 속으로 들어가길 주저하는 이들이 있고, 그 속으로 들어가는 걸 더는 망설이지 않겠다는 이들이 있고, 이미 그 세계에서 많은 시간을 보내는 이들도 있지요. 여러분은 어느 쪽인가요? 지금까지 나눈 이야기를 간략히 요약해 본 다음, 메타버스 속으로 한 걸음 더 들어가 볼까요?

한눈에 핵심 요약

메타버스는 원래 소설 속 가상 세계의 이름이었다.
온라인 가상 현실 서비스와 VR 기술이 유행했지만,
기술적 제약과 빈약한 콘텐츠로 오래가지 못했다.

팬데믹으로 비대면 일상이 자리 잡으면서
여럿이 안전히 소통하고픈 욕구를 해결할
가상 세계의 필요성이 커졌다.

5G, NFT 등 최첨단 정보 통신 기술이 발달해
다양하고 질 높은 가상 세계 서비스가 시작되었다.

가상 세계를 통해 돈을 버는 사람이 늘어나고 관심이 쏠리자
이 모든 현상을 아우를 새롭고 멋진 개념으로
'메타버스가 다시 소환되었다.

그렇게 '메타버스'는 우리 곁으로 성큼 다가왔다

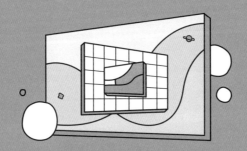

가상과 현실이
만나는 곳, 메타버스
: VR, AR, MR, XR, SR···

METAVERSE

제2의 지구에 그 집, 얼마면 돼?

우리나라 집값은 왜 이리 비싼가요? 삶의 목적이 집 한 채 마련이라면 서글픈 일인데, 그나마 보통의 노력으로도 이루기 쉽지 않은 꿈입니다. '뉴욕이나 파리, 런던 집값도 비싸다는데 서울도 그만큼이나 대단한 도시였구나.' 하고 멋대로 생각해 볼 뿐입니다.

그런데 만약 여러분에게 한강 야경이 내려다보이는 전망 좋은 곳에 땅을 사서 으리으리한 건물을 지을 기회가 생긴다면 어떨까요? 절대 놓치지 않을 건가요? 그렇다면 어서 땅을 사러 가 봅시다. 좋은 땅은 이미 불티나게 팔리고 있거든요. 검색창에 '어스 2 Earth 2'를 입력해 보세요. 지금부터 우리는 메타버스에서 땅을 살 거예요.

어스 2는 가상 세계에 지구를 그대로 복제해서 그 땅을 사고파는 플랫폼입니다. 여러분이 지금 살고 있는 동네를 어스 2에서 검색해 보세요. 살고 싶어 하는 동네도요. 벌써 팔렸나요? 지도 위에는 모눈종이처럼 격자 표시가 있습니다. 그렇게 나뉘어 있는 한 타일의 땅이 0.1달러, 우리 돈으로 약 120원입니다. 팔린 땅에는 그 땅을 산 사람의 국적에 따라 국기가 꽂

디지털 지구 부동산 거래 플랫폼 어스 2에서는 가상의 땅을 거래할 수 있다.

힙니다.

　누가 가상의 땅을 사냐고요? 놀랍게도 엄청나게 많은 사람이 어스 2에서 거래하고 있습니다. 사려는 사람이 많을수록 가상의 땅 가격이 오릅니다. 처음 120원이던 서울 강남의 땅은 2021년 4월에 2만 원까지 오르더니, 12월이 되자 5만 원이 되었습니다. '투자' 가치가 충분하지요.

　오늘도 청소년 Z의 보호자는 눈을 찡그리며 휴대 전화를 노려봅니다. 아무래도 돋보기 기능이 추가된 다초점 안경이 필요해 보입니다. 보호자가 점점 나이 들어 간다는 생각에 Z는 새삼 마음이 아픕니다. 돈 벌어서 부모님께 집을 사 줬다는 아이돌의 이야기를 들었기 때문일까요. 다행히 Z는 용돈만으로도 원하는 곳 어디든 땅을 살 수 있다는 사실을 알게 되었습니다. Z는 보호자에게 모처럼 대화를 시도합니다.

"어디 살고 싶어요? 땅 사서 집 지어 줄게."

보호자는 잠깐 당황하더니, 최대한 상냥하게 대답합니다.

"배고프니? 간식이라도 줄까? 아니면 혹시 학교에서 무슨 일이라도 있었어?"

"아니 빨리요. 어디가 좋은데요? 아, 그거 좋겠다, 내가 궁궐 사 줄게, 경복궁. 임금님이 최고지."

저런, 경복궁은 불행히도 이미 진작에 팔렸습니다. 얼떨결에 함께 화면을 들여다보던 보호자가 갑자기 분노합니다.

"야, 이거 어느 나라 국기야? 아니 이걸 왜 외국인이 사게 놔뒀어, 우리 경복궁을!"

그러자 지도를 이리저리 검색하던 Z가 외칩니다.

"이거 봐요! 자유의 여신상은 한국인이 샀어. 예~!"

"오, 진짜네. 예~!"

예~! 원래 보호자와 청소년의 대화는 그 결말을 알 수 없는 법이지요. 그리고 메타버스 부동산의 결말도 우리는 아직 알 수 없습니다. 당장은 그저 자유의 여신상이 있는 메타버스속 가상 땅덩어리의 실시간 가격 정도나 알 수 있을 뿐입니다. 얼마일까요? 놀랍게도 2021년 12월 기준, 우리 돈으로 약 500만 원입니다. 120원이 500만 원이 되다니, 대동강물을 팔았다던 봉이 김선달도 이 정도 수완은 없었을 거예요. 이거 혹시 새로운 사기 수법 아닐까요?

이 버스가 그 버스가 아니라고요?

1980년 미국의 한 자동차 판매원이 회사에서 해고당한 뒤 루나 엠버시라는 회사를 만들어 달의 땅을 팔았습니다. 맞아요, 밤하늘 위에 떠 있는 그 '달'입니다. 지금껏 600만 명이 달의 땅을 샀고, 루나 엠버시를 만든 데니스 호프는 1천만 달러_{약 120억 원}나 되는 큰돈을 벌었습니다.

어스 2나 달나라 부동산이나 다를 바가 없어 보입니다. 진짜 땅도 아닌데 서로 사고팔고 가격이 오르고 내리고 이익을 얻거나 손해를 보다니, 메타버스는 알면 알수록 신기할 뿐입니다. 도대체 어떻게 이런 일이 가능할까요? 그야 실제로 가상의 땅을 사려고 현금을 쓰는 사람들이 있으니 가능했겠지요. 그들도 처음에는 청소년 Z처럼 호기심에 시작했을 거예요.

하지만 '쌀 때 사서 비쌀 때 판다.'라는 원칙이야말로 투자의 기본 중 기본이고 사람들이 관심을 가질수록 값은 오르는 법이니, 더 오르기 전에 '선점'해 나중에 이익을 보려는 사람들이 계속 몰렸습니다. 그럴수록 값은 더 올랐고 더 많은 사람이 뛰어들고 있습니다.

메타버스 투자라니 왠지 최첨단 재테크 같습니다. 틀린 말도 아니죠. 재테크라는 말이 금융 공학 기술인 '재산 불리기 테크놀로지'를 줄인 말이고, 테크놀로지는 첨단일수록 큰돈이 오가는 법이니까요. 가상 세계 투자가 엄청난 이익을 남기는 현실을 보니, 메타버스를 더 제대로 알고 싶지 않나요?

투자와는 별개로, 문득 지금 어스 2에 우리 집을 검색해 보고 싶다는 생각도 들 거예요. 만약 누군가 우리 집을 이미 샀다면, 기분이 이상할 것 같지 않나요? '아무리 가상 세계여도 우리 집인데, 우리 가족 허락도 없이? 하지만 가상 세계니까

뭐 그럴 수도 있지……. 그래도 우리 집인데?' 생각하면 생각할수록 미궁에 빠지는 듯합니다.

알다시피 어스 2는 가상 세계입니다. 어차피 온라인에 존재하는 곳이고 공간에 한계가 없으니 어스 3, 어스 4도 생길 수 있습니다. 어스 99999까지도 가능하지요. 실제로도 업랜드, 디센트럴랜드, 메타렉스 등 어스 2와 같은 가상 부동산이 속속 생겨나고 있습니다. 가상 세계에 우리 집이 여러 채라니, 이야기는 더욱더 미궁으로 빠져드네요. 이제는 정말로 메타버스가 무엇인지 제대로 들여다볼 시간입니다.

메타버스가 초월을 뜻하는 '메타'와 세계를 뜻하는 '유니버스'를 합친 말이라고 했지요. 사실 유니버스는 '우주'로 해석할 수도 있습니다.

메타버스와 비슷한 말로 '멀티버스Multiverse'가 있습니다. 멀티버스는 우리가 사는 우주 말고 또 다른 우주가 있을 수 있다는 세계관입니다. 과학적 추론을 통해 진지하게 탐구할 때는 '다중 우주'로, 창작물에서 다룰 때는 '평행 우주'나 '평행 세계'로 구분해 말하기도 하지요. 슈퍼 히어로물을 펴내는 마블 코믹스의 세계관이 멀티버스의 대표적인 사례입니다.

마블의 <스파이더맨: 뉴 유니버스>에는 평행 세계의 스파이더맨들이 모조리 등장한다.

멀티버스는 메타버스와 어떻게 다를까요? 멀티버스가 현실이 여럿이라면, 메타버스는 메타버스로 불리는 가상 현실이 여럿일 뿐 현실은 하나입니다. 멀티버스에서는 각각의 세계에 각각의 삶이 존재합니다. 나와 다른 평행 세계의 또 다른 내가 만나도 겉모습만 똑같지, 전혀 다른 존재입니다. 서로 처음 맞닥뜨리면 "너 누구야?"라는 말이 튀어나올 수밖에 없지요.

하지만 메타버스에서 현실은 우리가 살고 있는 지구 위의 삶 하나입니다. 그리고 가상 세계는 현실과 이어져 있습니다. 현실과 '이어진' 가상 세계, 그것이 바로 메타버스의 핵심입니다.

메타버스의 두 기둥, 가상과 현실

여러분은 현실 세계에서 학업에 찌든 십 대 청소년이지만, 게임 속 가상 세계에서는 치유와 회복 능력이 있는 '힐러'일 수 있습니다. 늦은 밤 학원에서 돌아온 청소년 Z는 피곤한 눈을 비비며 없는 시간을 짜내 게임에 접속합니다. 그리고 키보드를 두드리며 다친 아군을 성스러운 빛으로 치유합니다. '흠, 내가 비록 시험은 망쳤어도 여기에선 이렇게 책임감 있는 존재지.'라고 뿌듯해하면서 말이에요. 이때 가상 세계 속 힐러의 행동은 현실 속 청소년 Z의 삶과 연결되어 있습니다. 둘은 다르면서도 같은 존재이지요.

가상과 현실이 어떻게 연결되는지 이해하기 위해 '가상'과 '현실'을 정확히 구분해 봅시다. 자, 식탁 위에 빵이 있네요. 냄새도 좋고 맛도 좋은 말랑말랑한 빵입니다. 휴대 전화 디스플레이 위에도 빵이 있습니다. 컴퓨터 그래픽으로 만든 빵입니다. 책상 위의 빵은 '현실'이고, 휴대 전화 속 빵은 '가상'입니다. 엄청난 기술을 동원해 휴대 전화 속 빵을 진짜처럼 보이게 만듭니다. 그래도 빵은 여전히 '가상'이에요.

몇 년 전의 VR 열풍은 가상의 빵을 마치 진짜처럼, 그야말로 '리얼'하게 느낄 수 있는 장치가 개발되면서 시작되었습니다. HMD라 불리는 헬멧이나 고글을 쓰면 가상의 빵이 진짜처럼 입체적이고 생생하게 보입니다. 손에 끼고 촉각을 느낄 수 있는 촉각 인식 장갑도 진작에 개발되었습니다. 말랑한지 딱딱한지 느낄 수 있는 건 물론이고 온도 조절 장치도 있어서 갓 구운 빵의 따스함까지 느낄 수 있습니다.

그럼 이제 HMD와 촉각 인식 장갑을 장착하고 화면 속 빵을 바라봅시다. 손을 뻗어 말랑하고 따뜻한 빵을 만져 봅니다. 코와 뇌를 자극하는 장치로 고소한 냄새가 풍겨오는 데다 씹는 기분까지도 느낄 수 있습니다. 그래도 빵은 가상입니다. 느낌만 있을 뿐, 여전히 배는 고픕니다. 현실의 영양 섭취보다 느낌이 중요한 19금 업계가 가상 현실에 큰 관심을 가지는 이유도 이 때문일 것입니다.

현실과 가상을 구분했으니 이제 가상 현실VR과 증강 현실AR도 구분해 봅시다. 증강 현실은 확장 현실이라고도 하는데,

미국 방송 더 웨더 채널은 증강 현실 회사 더 퓨처 그룹과 협력해 일기예보에 혼합 현실을 적용했다.

게임 포켓몬 고처럼 현실을 배경으로 가상이 등장합니다. 기후 위기의 심각성을 알리기 위해 폭우가 쏟아졌을 때 도시가 얼마나 물에 잠기는지를 보여 주고 싶다고 해 봐요. 실제로 폭우가 쏟아지는 날 물에 잠긴 현장을 찍기란 쉽지 않습니다. 잘못하면 급류에 휩쓸려 목숨을 잃을 수도 있고요. 그럴 때 증강 현실을 이용하면 어떨까요?

AR을 이용하면 사람이 길에 서 있는 상태로 급류가 도로로 쏟아져 들어오고 순식간에 도시가 잠기는 모습을 실감 나게 확인할 수 있습니다. 영화 〈아이언맨〉에서 토니 스타크의 눈앞에 필요한 모든 정보가 펼쳐지는 것도, 〈킹스맨〉에서 요원이 특수 안경을 쓰면 눈앞에 있는 상대방의 정보가 글자로 나타나는 것도 모두 증강 현실로 볼 수 있지요.

마침 청소년 Z가 HMD 고글을 쓰고 가상 현실 축구 경기를 보고 있네요. 흥에 겨운 나머지 벌떡 일어나 칩이 내장된 공을 발로 찹니다. 공이 벽에 부딪히는 모습이 Z의 눈에는 공이 골대 안으로 들어가는 걸로 보입니다. 이건 AR일까요, VR일까요?

이런 기술은 또 어떨까요? 여러분이 친구와 운동장을 걸어가는데 갑자기 바닥이 갈라지며 거대한 고래가 나타나 하늘로 솟구쳐 오릅니다. 온 사방에 물거품이 튀고 물이 철썩이는 소리와 고래 울음소리가 귀에 생생합니다. 믿기 어려운 경험이겠지요. 실제로 매직 리프라는 회사는 체육관 강당에 모인 사람들 앞에 파도 속에서 몸을 날리는 가상 고래를 선보여 열광적인 반응을 끌어냈습니다. 이때 고래는 AR일까요, VR일

혼합 현실 기술로 만든 고래(위)와 3D 착시 유도 기술로 만든 고래(아래).

까요?

답은 증강 가상 현실입니다. 또는 혼합 현실_{MR, Mixed Reality}입니다. 확장 현실_{XR, eXtended Reality}이 될 수도 있고 대체 현실_{SR, Substitutional Reality}이 될 수도 있지요.

사실 무엇이 AR이고 무엇이 VR인지, 무엇이 MR이고 무엇이 XR인지 엄격하게 구분하거나 암기할 필요는 없습니다. 물론 제대로 알아 두면 좋은 점도 있겠지만, 지금 우리에게 가상 현실의 종류를 나누는 것은 크게 중요하지 않아요. 기술 발달로 여러 기능을 동시에 구현할 수 있게 되었고 점점 더 새로운 기술이 등장할 테니, 우리는 그것들이 목적에 맞게 잘 섞인 가상 콘텐츠를 실감 나게 경험하면 그뿐입니다.

우리 삶은 언제나 현실과 가상이 잘 뒤섞인 세계였다

자, 정리해 볼까요? 바닥에 선을 하나 죽 그어 보세요. 왼쪽 끝을 현실, 오른쪽 끝을 가상이라고 하면, 오른쪽 끝에는 HMD를 쓰고 초정밀 가상 현실용 전신 수트를 입어야만 들어갈 수 있는 완벽한 가상 세계가 놓이겠지요.

VR 가상 현실

물리적인 현실이 아닌 컴퓨터 그래픽으로 구현해 낸 환경이다. 몰입감을 위해 HMD나 촉각 수트를 사용한다. 항공 우주 산업에서 시작되어 게임 산업에서 크게 발전했다.

AR 증강 현실

현실 세계에 가상의 물체와 정보를 띄운다. 지도, 내비게이션, 사진 보정 앱이 대표적이며 구글 글라스 등을 개발했다. 현실 세계를 잘 보완해 위험 요소 시뮬레이션에 활용된다.

MR 혼합 현실

VR과 AR의 장점을 합친 기술로 XR과 혼동해서 쓰인다. AR이 2D 위주라면 MR은 3D 중심이다. 홀로렌즈 등을 사용한다. 현실 물체인 자동차에 가상으로 차의 디자인을 변경하거나, 현실 집에 가상 가구를 배치할 수 있다.

XR 확장 현실

더욱 생생한 가상 융합 기술로 VR, AR, MR을 XR로 표현할 수 있다. 가상 반려 동물처럼 가상 세계를 시각, 촉각, 후각 등 오감으로 실감 나게 경험할 수 있다. 교육, 엔터, 국방, 의료, 제조 등 모든 분야에서 활용할 수 있다.

SR 대체 현실

과거의 기록을 현재와 혼합해 존재하지 않는 인물과 사건을 새롭게 구현하는 기술이다. 인지 뇌과학과 융합해 가상을 실제처럼 착각하게 만들 수 있다. 기억을 조작할 수 있어서 윤리적 문제가 뒤따른다.

그사이에 온갖 증강·가상·혼합·확장 현실이 자리합니다. 오늘날 우리는 모두 그사이를 살아가고 있습니다. 실제와 가상이 뒤섞인 세상을 살아가는 거예요.

사실 오랜 옛날부터 인간의 삶은 현실과 가상이 뒤섞인 세계였습니다. 사랑하는 할머니가 돌아가시고 엄마에게는 할머니의 사진 몇 장만 남았습니다. 엄마는 사진을 들여다보며 할머니를 그리워합니다. 남겨진 사진 속 할머니는 엄마의 현실과 연결된 애틋한 가상입니다.

화가 이중섭과 절친했던 시인 구상은 어느 날 크게 아파 병원에 입원했습니다. 구상은 이중섭을 기다렸고, 오지 않는 친구에게 섭섭해했지요. 돈이 한 푼도 없던 이중섭은 친구를 위해 복숭아 그림을 그려 가져오느라 뒤늦게 병문안을 옵니다. 마음이 담긴 그림 속 복숭아는 이중섭의 현실과 연결된 아름다운 가상입니다.

기술이 점점 발전해 가상과 현실의 연결은 그림과 사진을 넘어 전자 디스플레이 위에서 펼쳐집니다. 청소년 Z는 후드집업을 사려고 온라인 의류 쇼핑 앱을 엽니다. 우선 랭킹 카테고리를 누르고 연령대를 체크해 주르륵 따라붙는 사진을 살펴

봅니다. 그런 다음 자기한테 가장 잘 어울릴 것 같은 옷을 주문하지요. 오직 사진만 보고요. 그 사진은 가상입니다. AR이나 XR처럼 스케일이 크고 현란한 가상은 아니지만, 분명히 가상입니다. 그리고 그 옷들은 현실의 옷과 연결되어 있습니다. 현실의 옷을 찍은 사진이니까요. 심지어 우리가 온라인 쇼핑몰에서 물건을 고르고 주문하는 방법은 마트와 시장, 편의점에서 물건을 고르고 주문하는 방식과 연결되어 있습니다. 오프라인을 온라인으로, 다시 말하면 현실을 가상으로 가져온 것입니다.

청소년 Z는 인스타그램에 새로 산 후드 집업을 입고 찍은

사진을 올립니다. 그 사진은 Z의 현실과 연결된 가상입니다. Z의 보호자는 휴대 전화를 만지느라 약속에 늦은 Z를 차로 데려다주며 흘끗 내비게이션을 봅니다. 그렇게 보는 내비게이션의 지도 또한 현실과 연결된 가상입니다.

아니, 이럴 수가! 우리 삶의 모든 영역에서 가상과 현실이 맞닿아 서로 연결되어 있네요. 메타버스는 현실 세계와 이어진 가상 세계인데, 그렇다면 이 세상 전부를 메타버스로 볼 수 있다는 걸까요?

메타버스, 너 도대체 어디서부터 어디까지야?

메타버스란 말이 30년 전부터 존재해 왔듯이 가상 세계와 메타버스 연구도 오랜 시간 이어져 왔습니다. 2007년에 미국의 기술 연구 단체인 ASF가 메타버스 로드맵을 진행했으니, 역시 미래를 앞서 준비하는 사람들은 빨라도 너무 빠르지요?

미래학자들과 과학 기술자들은 현실과 가상이 만나는 세계에 두 축을 세운 다음, 메타버스 영역을 네 개의 사분면으로 나누어 쪼갰습니다. x축은 외부와 내부로, y축은 현실의 모방과 확장으로 나누었지요. 다음 페이지의 사분면 그림을 보면 한눈에 알아차릴 수 있습니다.

우선 증강 현실 영역은 포켓몬 고 하나면 설명 끝입니다.

두 번째 라이프 로깅 영역은 우리가 현실 세계의 일상에서 경험하는 모든 것을 가상 세계로 업로드하는 곳입니다. SNS와 유튜브는 물론, 심박수를 기록하는 스마트 워치나 건강 관리 앱이 모두 여기에 해당합니다. 이곳에서는 보통 나를 대신한 아바타가 가상 세계를 누비지요.

세 번째는 거울 세계입니다. 현실의 모든 지리 정보를 그대로 온라인에 담은 지도인 구글 어스, 현실의 쇼핑몰을 옮겨 놓은 온라인 쇼핑 앱, 현실의 식당을 옮겨 놓은 음식 배달 앱, 현실의 벼룩시장을 옮겨 놓은 중고 거래 앱이 여기에 해당합니다. 교실을 옮겨 놓은 줌 수업도 거울 세계로 볼 수 있습니다.

마지막은 예전부터 익숙하게 접해 온 가상 세계입니다. 우리에게 친숙한 온라인 게임과 HMD를 쓰고 몰입해서 경험하는 가상 현실 콘텐츠가 그것이지요. 로블록스, 마인크래프트, 심즈, 포트나이트, 모여봐요 동물의 숲 등 신나게 즐겼던 게임들이 메타버스로 이끄는 길잡이 역할을 해 준 셈입니다.

증강 현실Augmented Reality

현실에 그래픽으로 만든 가상의 것을 융합하는 일. 우리가 살아가는 물리적 환경 위에 가상의 사물과 정보를 겹쳐 놓거나, 현실 공간에 시스템을 조작하는 경계면을 띄워 만든다.

• 포켓몬 고, 스노우, 스냅챗, AR 내비게이션, (가상 가구 배치 가능한) 인테리어 앱

**외부
투영**

거울 세계Mirror Worlds

우리가 살아가는 물리적 세계를 온라인 공간에 그래픽으로 재현한 세계. 완전히 똑같은 게 아니라 가능한 사실적으로 표현하되, 여러 가지 정보를 더하고 반영해 확장한다.

• 구글 어스, 그래픽 지도 앱, 배달의민족, 요기요, 에어비앤비, 당근마켓

라이프 로깅Life Logging

일상을 디지털 공간, 즉 가상의 공간에 기록하는 활동. 우리가 살아가면서 겪는 경험, 감정, 인간관계를 기록하는 것은 물론 건강 상태와 신체 움직임까지 업로드한다.

• 유튜브, 블로그, 페이스북, 인스타그램, 트위터, 틱톡, 스마트 워치, 건강 관리 앱

가상 세계Virtual Worlds

새롭게 창조된 3차원 가상 세계. 인간이 예전부터 컴퓨터 그래픽으로 만들어 왔던 디지털 공간. 현실의 사회와 경제, 문화를 비슷하게 만들거나 마치 소설처럼 현실에서 있을 법한 세계나 혹은 상상 속 판타지와 SF 세계 등 다양한 설정을 가진 수많은 세계가 탄생할 수 있다.

• 제페토, 이프랜드, 세컨드 라이프, 로블록스, 마인크래프트, 포트나이트, 호라이즌

이 네 영역을 정확히 구분할 필요도 없습니다. 시간이 지날수록 영역들이 서로 융합하고 있으니까요.

이제 메타버스가 뭔지 알 것 같나요? 알기는커녕 도대체 메타버스 아닌 게 없는 것 같다고요? 그런 생각이 들었다면 메타버스를 제대로 이해한 거예요. '현실의 모든 것이 메타버스가 될 수 있다.'라는 게 메타버스의 가장 큰 특징이거든요.

오늘날 우리가 살아가는 이 세계 전부를 메타버스라고 불러도 틀린 말이 아니고, 우리가 매일 접하는 여러 가지 온라인 서비스 하나하나를 각각 메타버스라고 불러도 맞는 말입니다.

지금까지 메타버스를 충분히 살펴보았으니, 앞으로는 메타버스를 '가상 공간을 제공하는 온라인 서비스', '현실과 이어진 가상 세계 플랫폼' 정도로 범위를 좁혀 이해하면 됩니다. 이때 메타버스 플랫폼은 이용자가 아바타로 접속해 다른 사람들을 만나 일도 하고 연애도 하고 돈도 벌면서 가상 세계 속의 삶을 살아가는 가상 공간을 말하지요.

플랫폼은 또 뭐냐고요? SNS, 게임, 쇼핑몰 등 각종 온라인 서비스를 가리키는 말입니다. 플랫폼의 정확한 의미는 다음 장에서 다시 살펴볼 거예요. 아무튼 예전부터 가상 세계 서비스를 제공하던 메타버스는, 앞서 말한 대로 기술 발전과 팬데믹으로 인해 그 모습을 새롭게 탈바꿈하며 뜨거운 스포트라이트를 받고 있습니다. 컴퓨터를 다시 켜듯이, 이야기의 새로운 시리즈가 시작하듯이 '리부트'된 거예요.

리부트된 메타버스에는 새로운 변화가 찾아왔습니다. 휴식과 도피와 경쟁의 공간이 생활과 소통과 창작의 공간으로 바뀌기 시작한 것입니다. 살아남기 위해 싸우는 배틀 로얄 게임에서 콘서트가 열리고, 사람들이 서로 싸우는 대신 함께 춤추며 열광했듯 말입니다.

리부트 메타버스가 맞닥뜨린 문제들

메타버스 플랫폼들은 점점 더 생활과 소통의 공간으로 거듭났습니다. 생각보다 오래 우리 곁을 떠나지 않는 코로나19 바이러스가 계속 불을 지폈지요.

미국 대통령 조 바이든은 모여봐요 동물의 숲에 바이든 섬을 만들고 선거 운동을 했습니다. 메타버스에서 열리는 행사는 안전한 데다 큰 화제성으로 홍보 효과가 좋았기 때문에, 대학교 입학식과 신입 사원 연수가 연달아 메타버스 플랫폼에서 열렸습니다. 우리나라 청와대는 2021년 어린이날을 맞아 마인크래프트 안에 청와대를 만들고 어린이들을 초대했습니다. 청와대의 연락을 받은 버추얼 제작팀은 당장 청와대를 답사해야 했습니다. 벽에 걸린 금수강산도는 물론 대통령의 반려견 마루와 반려묘 찡찡이까지 가상 공간에 새롭게 탄생시켜야 했지요.

그리고 이제 메타버스는 한 단계 더 진화하고 있습니다. 생활과 소통의 공간에서 한발 더 나아가 생산과 소비, 금융과 경제의 공간으로 올라서려 하고 있기 때문입니다.

우리는 앞에서 어스 2라는 가상 부동산 플랫폼을 만나 보았습니다. 그런데 '직방'이나 '다방' 같은 부동산 거래 앱도 있지요. 모두 메타버스로 볼 수 있지만, 어스 2가 완벽한 가상의 집을 거래한다면 직방이나 다방은 현실의 집을 거래합니다. 어떤 차이가 있을까요? 문제가 발생했을 때 해결 방안을 보면 알 수 있지요.

직방과 다방에서 사기 사건이 일어나면 어떻게 될까요? 이용자에게는 '전자상거래 등에서의 소비자보호에 관한 법률'로 피해를 보상받는 길이 있습니다. 살인이나 도둑질 같은 인류의

마인크래프트를 활용한 어린이날 청와대 랜선 특별 초청 행사.

오래된 범죄처럼 그 처벌과 법적 제재가 체계적이진 않지만, 그래도 수십 년 동안 법과 제도가 정비되어 왔기 때문입니다.

　그럼 어스 2에서 사기 사건이 일어난다면요? 이런 플랫폼에서 이용자가 돈을 받으려면 수수료를 지불하고 여권 같은 개인 정보를 제출해 인증을 통과해야 하는데, 시간도 오래 걸릴뿐더러 돈도 현금이 아닌 가상 카드로 받아 구글 페이 등으로 환전해야 합니다. 이 과정에서 이용자 보호 장치가 거의 없다 보니 피해를 보아도 제도적으로 보호받지 못하고 있지요.

이런 상황에서 메타버스 부동산의 미래는 밝을까요, 어두울까요?

메타버스의 가능성을 믿는 사람들은 하루빨리 법과 제도를 정비하는 게 중요하다고 말합니다. 최첨단 기술과 과학 기술이 먼저 새로운 가능성을 열고 뒤이어 이전에는 없던 문제가 발생하지만, 인류는 늘 현명하게 이를 헤쳐 나가며 더 나은 삶을 쟁취해 왔으니 문제없다고요.

이번에도 과연 그럴지, 지금까지의 이야기를 요약하고 최근 메타버스를 리부트시킨 초강력 엔진 'NFT'를 만나러 가 볼까요?

메타버스는 현실과 가상을 잇는 플랫폼으로
증강 현실, 라이프 로깅, 거울 세계, 가상 세계로 분류되며,
거의 모든 현실 세계가 투영되는 가상 공간이다.

VR, AR, MR, XR, SR 등
가상 세계를 뒷받침하는 기술이
눈에 띄게 발전하고 있다.

메타버스는 시간이 지날수록 더 넓고 깊게
생활과 소통의 공간으로 거듭나고 있으며,
생산과 소비, 금융과 경제 영역으로 확장되면서
우리에게 새로운 과제를 던지기 시작했다.

리부트된 메타버스가 점점 더 확장되고 있다

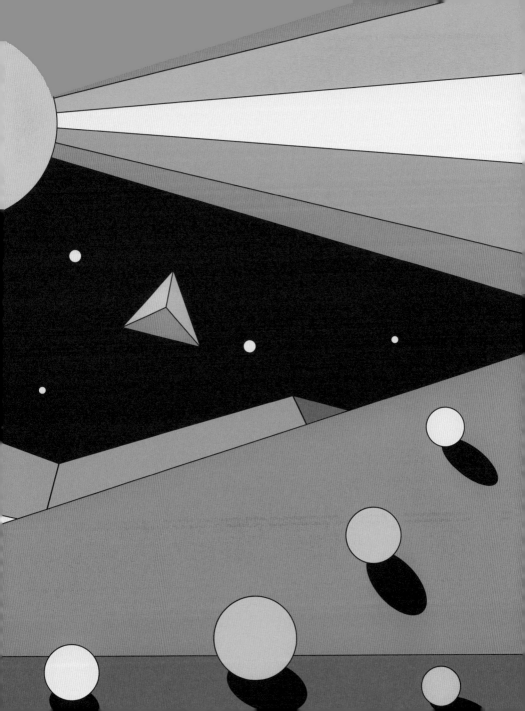

세 번째 정거장

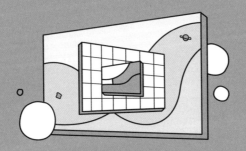

메타버스를 움직이는
초강력 엔진들

: NFT, 블록체인, 가상 재화

METAVERSE

운동화를 사 왔는데 왜 신지를 못해

청소년 Z는 휴대 전화로 운동화 사진을 들여다보고 있습니다. 보호자에게 사 달라고 말은 안 하지만 용돈을 모으는 게 꽤 가지고 싶은가 봅니다. 한정판 운동화, 멋지긴 하지만 왜 이리 비싼가요? Z의 보호자는 도무지 이해할 수 없습니다. 운동화가 발에 잘 맞고, 가진 옷에 잘 어울리고, 조금만 더 욕심을 내 신었을 때 다리 좀 길어 보이면 됐지, 누가 언제 어떻게 몇 개나 만들었냐가 뭐 그리 중요할까요? 그러다가 보호자는 문득 생각합니다.

'그래, 메타버스! 거기서 땅도 사고 집도 사는데 그까짓 운동화가 비싸 봤자 얼마나 비싸겠어. 조던이 점프 슛 할 때 신었다던 운동화는 사 주지 못해도, 메타버스 운동화 하나 정도는 사 줄 수 있겠지.'

안 그래도 세계적인 스포츠용품 기업 나이키가 최근에 아티팩트 스튜디오라는 메타버스 신발 회사를 인수했다고 합니다. 신지도 못하는 신발을 만들어 파는 사람도, 그걸 돈 주고 사는 사람도 왠지 헛일하는 것처럼 느껴집니다. 하지만 Z의 보호자는 Z에게 뭐라도 해 주고 싶은 마음에 메타버스 속으로

위는 푸오셔스와 콜라보한 가상 운동화, 아래는 제프 스테이플과 콜라보한 가상 운동화.

용감하게 들어갑니다.

이럴 수가! 아티팩트 스튜디오가 시애틀에 사는 열여덟 살 디지털 아티스트 푸오셔스와 협업해 만들었다는 가상 운동화 621켤레는 판매를 시작한 지 7분 만에 모조리 팔려 무려 37억 원의 이익을 남겼다고 합니다. 신을 수도 없고 만질 수도 없고 확 던져 버릴 수도 없는 운동화가 어째서? Z의 보호자는 화면 속에서만 존재하는 운동화가 한 켤레당 얼마인지 계산하려다 그만둡니다. 어느 틈에 청소년 Z가 곁에 다가와 함께 화면을 들여다봅니다.

"제프 스테이플! 전설의 운동화 디자이너예요. 2005년에 이 사람이 나이키랑 같이 딱 150켤레만 만든 비둘기색 운동화가 있는데, 지금 3만 배가 뛰어서 한 켤레에 7천만 원이래요. 투자는 그렇게 하는 거죠."

청소년 Z가 아는 척을 합니다.

"그래, 운동화 되파는 거야 그렇다 쳐. 한정판이고 멋지고 수집하기 좋지. 하지만 가상 운동화를 두고 왜 저러는지 모르겠다."

"똑같아요. 한정판이고 멋지고 수집하기 좋으니까요."

"뭘 어떻게 수집한다는 거야? 파일 복사하면 누구나 내려받을 수 있는데 어떻게 한정판이라는 거지?"

"NFT 모르세요, NFT?"

NFT라니 이건 또 정체가 뭘까요? NFT는 최근 들어 부쩍 사람들의 관심을 끌면서 메타버스를 지금까지의 가상 세계와는 다른 곳으로 만든 장본인입니다. 이야기를 시작하기 전에 대표적인 NFT 거래들을 먼저 만나 볼까요?

대표적인 NFT 콘텐츠

작품명 매일, 첫 5000일
　　　(Everydays: the first 5000 days)
크리에이터 비플 ✔
판매가 6930만 달러(약 827억 원)
특징 13년간 온라인에 올린 5천 개 이미지
　　를 콜라주한 디지털 아트로 가장 비
　　싸게 팔린 NFT

작품명 워 님프(War Nymph)
크리에이터 그라임스 ✔
판매가 580만 달러(약 65억 원)
특징 작가는 전기차 테슬라 CEO 일론 머
　　스크의 반려자로 디지털 그림 컬렉
　　션 10점은 20분 만에 팔림

작품명 무제
크리에이터 잭 도시 ✔
판매가 290만 달러(약 32억 원)
특징 트위터 창립자가 최초로 올린 트윗
　　한 줄로, 이더리움이라는 가상 화폐
　　로 거래됨

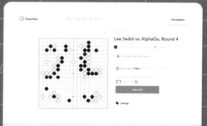

작품명 무제
크리에이터 이세돌 ✔
판매가 60이더리움(약 2억 5천만 원)
특징 이세돌이 인공지능 알파고를 무너뜨
　　린 바둑 대국을 흑백 돌이 놓이는 모
　　습으로 담음

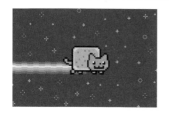

작품명 **니얀 캣**(Nyan Cat)
크리에이터 크리스 토레스 ✅
판매가 300이더리움 (약 6억 5천만 원)
특징 타르트 몸통의 움직이는 고양이 이
미지로, 2011년 처음 등장해 크게 유
행한 인터넷 밈

작품명 **마스터 컬렉션**(Master Collection)
크리에이터 알렉스 라미네즈 말리스 ✅
판매가 0.2415이더리움 (약 48만 원)
특징 자신과 친구 넷의 방귀 소리를 녹음
한 파일로, NFT 과열을 경고하려는
의도였다고 밝힘

작품명 **이것이 모든 것을 바꾼다**
(This Changes Everything)
크리에이터 팀 버너스 리 ✅
판매가 543만 달러 (약 61억 원)
특징 인터넷 서비스 월드와이드웹(WWW)
의 최초 설계도로, 9,500줄이 넘는
원본 소스 코드임

작품명 **이 칼럼을 블록체인으로 사세요!**
(Buy This Column on the Blockchain!)
크리에이터 케빈 루스 ✅
판매가 56만 달러(약 6억 3천만 원)
특징 NFT 거래 확산을 다룬 기사를 NFT
로 판매함

NFT가 뭐야? 또 나만 몰랐지!

NFT는 Non-Fungible Token의 줄임말로 우리말로 바꾸면 '대체 불가능한 토큰'이 됩니다. '블록체인' 기술을 이용해 만든 일종의 '디지털 증서'예요. NFT도 생소한데 블록체인까지 나옵니다. 블록체인은 비트코인, 이더리움, 암호 화폐, 가상 화폐 같은 말과 함께 쓰이지요.

우선 블록체인부터 알아봅시다. 블록체인은 데이터를 저장하는 방법으로, 이때 블록은 소규모 데이터 기록을 가리킵니다. 주고받은 것들, 변동된 내용, 거래 과정 등이 기록되는 간단한 장부라고 볼 수 있지요. 이 블록들이 시간을 두고 복잡하게 체인으로 연결되는 걸 블록체인이라고 불러요. 블록체인은 복잡하게 쌓인 기록 전부를 여러 명이 여러 대의 컴퓨터에 나누어 저장합니다. 따라서 누구에게나 공개되어 있고 복제와 조작도 굉장히 어렵습니다.

다시 말해 블록체인이란 '누구나 열람할 수 있는 디지털 장부에 거래 내역을 투명하게 기록하고, 이것을 컴퓨터 여러 대에 저장하는 분산형 데이터 저장 기술'입니다.

블록체인 기술이 개발된 이유는 무엇일까요? 컴퓨터에 저장된 데이터를 멋대로 바꾸고 고치는 일이 너무나 쉽기 때문입니다. 여러분이 온갖 문서와 이미지, 동영상을 내려받아 아무렇지도 않게 편집하는 걸 떠올려 보세요.

물론 우리는 컴퓨터 덕분에 수많은 자료를 쉽게 저장하거나 누구에게나 그대로 전송할 수 있게 되었고, 이는 민주주의와 과학 기술의 발전에 크게 공헌했습니다. 반면에 중요한 기록이 쉽게 복제되고 밖으로 새어 나가고 심지어 멋대로 조작되는 걸 막기는 어려워졌습니다. 온갖 보안 프로그램을 깔고 암호를 걸어 두는 기술에도 한계가 있습니다. 그래서 여럿의 공개된 힘으로 복제나 조작을 막아 보려 탄생한 기술이 바로 블록체인입니다.

블록체인 기술이 소고기 추적에도 쓰인다는 사실을 알고 있나요? 비싼 돈을 주고 한우 스테이크를 먹었는데, 알고 보니 수입 소고기를 속여 판 거라면 화나겠지요. 재미있게도 소고기가 진짜 한우인지 구별하는 일에도 블록체인 기술이 쓰입니다. 어느 농장의 소가 언제 도축되어 어디로 팔려 갔는지 그 기록이 투명하게 공개되고, 누구도 그 기록을 마음대로 조작할 수 없으니 한우 이력을 추적하기에 안성맞춤입니다.

블록체인 기술은 개인이 외국에서 물건을 주문해서 받는 개인 통관 서비스에도 쓰이고 있습니다. 주문한 물건이 바꿔치기당하지 않고 제대로 도착하는지, 외국에서 금지된 약이나 물건을 주문하는지 등을 추적하는 데 블록체인만큼 투명하고 안전하고 빠른 기술은 없으니까요.

블록체인 하면 흔히 비트코인만 떠올리지만, 사실은 무엇이 진짜인지 확인하고 거래가 어떤 과정을 거쳐 이루어지는지 살피는 데 딱 들어맞는 기술입니다.

NFT도 블록체인 기술로 탄생했습니다. 가상 운동화를 621켤레나 팔았다고 하지만, 누구나 이미지를 복사해서 내려받으면 그만 아니냐고요? 그렇지 않습니다. 가상 운동화 한 켤레, 한 켤레마다 NFT를 부여했으니까요. 내가 산 NFT 운동화는 세상에 하나밖에 없는 '진품'인 것입니다. 대한민국에서 집을 사면 국가가 구매자 정보를 등기부에 기록하고 등기 권리증을 내주는데, NFT는 등기 권리증과 똑같은 역할을 하는 거예요. NFT가 부여된 작품이나 파일을 사면, 구매자 이름이 블록체인에 기록되지요.

NFT는 디지털 아트에서 제일 먼저 크게 환영받았습니다.

세계 최대 미술품 경매에 올라온 NFT 작품들.

실물이 없어서 무한 복제될 수 있는 디지털 그림이나 영상에 NFT 코드를 적용해 만든 사람, 만든 날짜, 판매 금액, 소유한 사람을 모두 저장해 둘 수 있으니까요. 그래서 역사와 전통을 가진 소더비나 크리스티 같은 미술품 경매 회사가 마치 고흐의 그림을 팔듯 디지털 아티스트의 NFT 그림을 거래하기 시작했습니다.

그래도 왠지 의심스럽지 않나요? 실물이 없는데 뭘 믿고 파일 하나를 수십억, 수백억 원씩 주고 사는지 말이에요. 레오

나르도 다빈치의 〈모나리자〉를 떠올려 보세요. 원본은 파리 루브르 박물관에 얌전히 걸려 있습니다. 사람들은 원본이 거기 있다는 사실을 알고, 모나리자 이미지를 파일로 주고받거나 티셔츠 따위에 인쇄해서 입습니다. 아무리 많은 모나리자 이미지와 프린트가 돌아다녀도 박물관에 걸린 원본의 가치는 훼손되지 않습니다.

NFT도 마찬가지예요. 내가 산 파일만이 진짜입니다. 내가 산 그림이 아무리 인터넷 여기저기에 돌아다녀도, 내가 가진 파일만 원본입니다. 아이템을 샀다면 회사가 망해도 아이템만은 내 것으로 남지요. 현실 세계에만 있던 '원본', '진품'이라는 가치가 가상 세계에도 생겨난 거예요. 그 가치를 인정하고 받아들이는 사람들이 NFT를 비싼 값에 사고 또 비싼 값에 팔고 있습니다.

뒷거래와 정상 거래, 어두운 세계와 밝은 세계

2020년 게임 회사 엔씨소프트가 창단한 야구단 NC 다이노스가 한국 시리즈에서 우승하자, 선수들은 홈 플레이트에

준비된 초대형 '검'을 뽑는 세리머니를 했습니다. 그 검은 다름
아닌 회사의 대표 게임 '리니지'의 초강력 무기인 '집행검'이
었지요. 야구와 게임을 사랑하는 사람들 마음을 뿌듯하게 만
든 순간이었습니다. 이 집행검이 얼마나 대단한 아이템이냐면,
"음지에서 보통 8천만 원, 심지어 4~5억 원에도 거래된다고
한다."라는 이야기가 뉴스로 나올 정도입니다.

　　게임 아이템은 비싸고 세리머니에 쓰일 만큼 멋지지만, 안
타깝게도 '음지'에서 거래됩니다. 이른바 뒷거래지요. 남의 눈
을 피해 은밀하게 하는 거래, 정당하지 않은 거래, 법규를 어기

는 거래입니다.

집행검과 관련해 인터넷 커뮤니티에서 전설처럼 전해 내려오는 이야기가 있습니다. 게임에 접속한 상태에서 한 이용자가 다툼 끝에 집행검을 잠깐 바닥에 내려놓았는데, 멧돼지로 둔갑한 다른 이용자가 이 검을 순식간에 훔쳐 간 사건입니다. 무려 3천만 원 상당의 아이템을 눈앞에서 도난당한 것입니다.

검을 빼앗긴 이용자는 엄청난 금전적 손해를 봤지만 억울함을 풀 방법이 없었습니다. 안타깝게도 우리나라는 흔히 아이템이라 불리는 가상 재화와 게임 머니를 현금으로 바꿀 수 없도록 규제하거든요. 이유는 '사행성이 짙어서'인데, 사행성은 불법 도박, 불법 경마처럼 요행을 바라고 큰돈을 걸었다가 패가망신하면서도 멈추지 못할 만큼 중독성 높은 것들의 속성을 말합니다. 건강한 경제를 위해 이것들을 규제하는 거예요.

그래서 해킹이나 자동 사냥 프로그램처럼 비정상적인 방법으로 얻은 아이템을 거래하면 법으로 처벌합니다. 물론 평범한 아이템 거래 자체는 불법이 아니지만, 거의 모든 게임 회사가 건전한 게임 문화를 망가뜨린다며 아이템 현금 거래를 공식적으로 금지해 왔습니다. 이를 어기면 계정을 중지시키기 때문에 아이템을 거래하다가 사기를 당해도 하소연할 데가 없는 것입니다.

하지만 집행검을 빼앗긴 이용자는 포기하지 않고 소송했습니다. 그리고 다음과 같은 답을 들었습니다.

"억울해도 할 수 없습니다. 첫째, 이 검이 당신 검인지 공식적으로 증명할 방법이 없습니다. 둘째, 설사 이 검이 당신 검이라 해도 게임 아이템의 소유권, 저작권은 이용자가 아니라 게임 회사에 있습니다."

내가 엄청난 시간과 노력을 쏟아부어 만렙을 달성해 가며 얻어 낸 아이템이 내 것이라는 사실을 증명할 방법이 없다니, 어떻게 이럴 수 있을까요? 디지털로 만든 가상 재화가 늘 복제와 해킹의 위험에 노출되어 있기 때문입니다.

인터넷 검색창에 '게임 아이템 복제'라고 입력해 보세요. 게임 회사가 그토록 철통 방어를 하는데도 불구하고, 불법 복제 판매 사건이 끊이지 않는다는 사실을 확인할 수 있습니다. 복제와 해킹을 막고 이 아이템이 내 것이라는 걸 증명할 어떤 '기술'이 꼭 필요합니다. 그리고 이제 여러분은 그 기술이 무엇인지 압니다. 바로 NFT죠!

그런데 집행검이 내 소유라고 증명하는 기술이 있는데도, 아직 현실에서는 그 권리를 곧바로 주장할 수 없습니다. 왜일까요? 사실 소유권 문제라는 게 원래 빠르고 간단히 답을 내릴 수 있는 문제가 아닙니다. 인류 역사에서 가장 뜨겁고 가장 격렬한 난제 중 난제지요.

　　수확한 곡식의 소유권은 피땀 흘려 농사지은 농부에게 있을까요, 손가락 하나 까딱하지 않지만 금수저를 물고 태어난 땅 주인에게 있을까요? 이 문제는 몇천 년이나 이어진, 그리고 지금도 계속되는 논쟁입니다. 사회주의와 자본주의의 싸움도 소유의 문제고, 소중한 내 아이돌의 표절 논쟁도 소유의 문제입니다. "넌 내 거야!"라는 연인들의 사랑싸움도, 무소유를 말하던 스님이 값비싼 스포츠카를 몰아 비난받는 것도 전부 소유의 문제입니다.

　　아쉽지만 여기서는 메타버스와 관련된 소유권 이야기만 해봅시다. 만약 여러분이 게임 아이템과 관련해 방송국과 인터뷰했다고 가정해 봐요. 인터뷰에서 그간 갈고닦은 게임 실력으로 나만의 견해를 탈탈 털어 열심히 이야기했습니다. 구구절절 다 옳은 말이어서 순식간에 사람들이 내 영상을 공유했지요. 이때 이 인터뷰의 소유권과 저작권은 누구에게 있나요? 바로 방송국에 있습니다.

이때 방송국은 '플랫폼'입니다. 기획, 촬영, 편집, 방영이 가능한 대규모 시설과 정해진 시스템을 갖춘 대형 사업자지요. 인터뷰한 여러분은 자신만의 '콘텐츠'를 가지고 있지만, 힘도 제작 능력도 없습니다. 아이템 저작권이 게임 회사에 있고 인터뷰 저작권이 방송국에 있듯이, 오늘날 콘텐츠 소유권은 대부분 거대 플랫폼에 있습니다.

모두 여기에서 만나는군요, 플랫폼!

맞아요, 플랫폼. 우리는 앞 장에서 메타버스를 현실과 이어진, 현실을 반영하는 가상 세계 플랫폼이라고 정의했습니다. 방송국도 메타버스도 다 '플랫폼'이라니, 플랫폼이 무엇인지 조금 더 깊이 들여다볼까요?

어디서든 쉽게 들을 수 있는 플랫폼platform이란 말의 본래 뜻은 승강장입니다. 사람들이 쉽고 편하게 기차를 타고 내릴 수 있도록 만든 '평평한 곳'을 말하지요. 플랫폼에는 돈을 내고

표를 사는 매표소는 물론, 기차를 기다리는 사람을 위해 읽을 거리와 먹거리를 파는 가게가 있습니다. 자판기도 있고, 옷 가게나 꽃 가게도 있습니다. 의자와 TV도 있어서 플랫폼에서 시간을 보내다 기차를 타면, 기차는 제시간에 우리를 원하는 곳으로 데려다주지요.

이처럼 플랫폼은 온갖 사람이 모여들어 만남과 헤어짐, 기다림과 주고받음, 거래와 교환이 일어나는 곳입니다. 그래서 비슷한 일이 일어나는 곳을 플랫폼에 비유하곤 합니다. 예를 들어 방송국이라면 여러 사람이 모여 다양한 콘텐츠를 만들고 그걸 다시 여러 사람에게 내보내니까 미디어 플랫폼이라 부릅니다.

컴퓨터 기술이 발달하고 인터넷 공간이 열리자, 플랫폼은 ICT정보 통신 기술 분야에서 더욱 널리 쓰이기 시작했습니다. 처음에는 주로 소프트웨어인 프로그램을 제대로 작동케 하는 하드웨어 시스템을 플랫폼이라 불렀습니다. 그러다 온라인용 프로그램들이 다양한 역할을 하면서 플랫폼은 '여러 기능을 제공하는 환경'으로 그 의미가 넓어졌습니다.

플랫폼이 전문가들이 아닌 평범한 사람들 사이에서 본격적으로 쓰이기 시작한 것은 '포털'이 등장한 뒤부터입니다. 현관문을 뜻하는 포털은 인터넷 초창기에는 여기저기 흩어진 웹사이트 주소들을 잘 분류해 모아 둔 곳에 불과했습니다. 거기에 차츰차츰 검색, 이메일, 뉴스, 지도, 쇼핑, 블로그와 커뮤니티 카페 기능이 더해지면서 포털은 '공룡'이라 불리는 막강한 온라인 서비스로 자리매김했습니다. 그러자 사람들은 포털을 거대 플랫폼이라고 부르기 시작했지요.

스마트폰이 등장한 뒤 컴퓨터로 인터넷에 접속하던 사람들은 무선 모바일 기기에서 터치 한 번으로 새로운 온라인 서비스에 접속하게 됩니다. '앱'이나 '어플'이란 줄임말로 불리는 '애플리케이션'이 그것입니다.

손바닥 위에서 24시간 네트워크에 접속할 수 있게 되자, 각종 게임 앱은 물론 카카오톡 같은 메신저 프로그램, 트위터나 페이스북 같은 SNS 앱이 속속 탄생해 사람들을 사로잡았습니다. 백화점과 전문점이 나뉘듯 포털보다 훨씬 더 좁은 범위의 집중적인 정보를 제공하는 쇼핑 앱들도 쏟아져 나왔지요. 이런 앱들 역시 플랫폼이라 불리기 시작했습니다.

그러다 쿠팡, 에어비엔비, 카카오택시, 배달의민족처럼 서

하드웨어	본체, 모니터, 키보드, 프린터처럼 컴퓨터의 기계적이고 물리적인 장치
소프트웨어	하드웨어에 기록되고 저장된 프로그램
네트워크	멀리 떨어진 사람과 정보를 주고받을 수 있는 유선·무선 통신망, LTE, 5G 등
인터넷	프로토콜이라 불리는 정해진 연결 방식으로 전 세계 컴퓨터와 컴퓨터를 잇는 온라인 네트워크
온라인 오프라인	켜짐(on)과 꺼짐(off)을 이용해서 네트워크에 연결된 상태를 나타내는 말
사이버	컴퓨터 네트워크에 의해 탄생한 가상 공간. 인터넷과 가상 현실이란 말이 더 많이 쓰이게 됨
웹	인터넷만 연결되어 있으면 언제 어디서든 접속할 수 있는 정보의 그물망. 수많은 정보가 웹페이지로 만든 웹사이트 형태로 끝없이 연결되어 있음
포털	인터넷에 접속할 때 기본적으로 거쳐 가도록 만든 웹사이트 • 네이버, 다음, 구글 등
온라인 서비스	인터넷을 통해 검색, 뉴스, 쇼핑, 은행 업무, SNS, 엔터테인먼트 등 사용자에게 필요한 것들을 제공하는 일
플랫폼	여러 이용자가 모여 다양한 재화와 콘텐츠의 생산, 소비, 유통이 이루어지는 온라인 서비스. 온갖 것의 생산·소비·유통이 가능함 • 구글, 쿠팡, 애플 스토어, 배달의민족, 로블록스, 제페토 등

비스를 제공하는 사람과 서비스를 이용하는 사람을 연결하는 앱들이 인기를 끌기 시작했습니다. 사람들은 이런 앱들이야말로 '플랫폼'이라는 말에 들어맞는다고 생각했지요.

그런데 시간이 지날수록 이들 플랫폼 사업자가 이용자들에게서 너무 많은 수수료를 떼고, 플랫폼에서 일하는 배달 노동자나 택배 노동자 들을 지나치게 싼값에 부려 먹기 시작했습니다. 리뷰가 무기로 바뀌어 작은 가게에 생계를 건 자영업자나 가사 도우미를 공격하는 일도 자주 일어났지요. 그러다 보니 플랫폼은 '온갖 문제를 일으키는 온라인 서비스', '현실의 작은 물건 하나 만들지 않으면서 시장을 좌지우지하고 이익을 남기는 온라인 서비스'라는 악명을 얻게 되었습니다.

메타버스도 플랫폼이기에 플랫폼에서 생기는 문제는 곧 메타버스의 문제이기도 합니다. 다시 집행검 이야기로 돌아가 볼까요? 앞서 말했듯이 지금까지 콘텐츠 소유권은 대부분 창작자인 크리에이터가 아니라 플랫폼이 가지고 있었습니다. 플랫폼은 아무나 만들 수 있는 게 아니다 보니, 크리에이터보다 플랫폼 사업자가 훨씬 더 힘이 셌습니다. 모든 권리를 가져가도 그러려니 할 수밖에 없었지요.

그런데 동영상 플랫폼인 유튜브가 인기를 끌면서 콘텐츠의 생산과 유통에 커다란 균열이 일기 시작했습니다. 누구나 개인 방송국을 쉽게 만들 수 있자 수십만, 수백만 구독자를 가진 크리에이터들이 방송국 못지않은 힘을 가지게 된 거예요. 크리에이터와 이용자 들의 힘이 세지자, 플랫폼이 예전처럼 콘텐츠의 소유권과 저작권을 무작정 독점할 수 없는 분위기가 만들어졌습니다. 집행검을 두고 이제는 말할 수 있습니다.

"이 검이 내 검인지 증명할 테니 어서 NFT를 도입하시지요! 이제 크리에이터의 시대가 왔으니 플랫폼은 게임 아이템에 관한 권리를 이용자들과 함께 나누시지요!"

물론 이 말이 현실이 되기까지는 앞으로도 꽤 많은 산을 넘어야 합니다. 사람들의 공감을 얻고 법과 제도를 바꾸려면 적지 않은 시간이 필요하니, 앞으로 더 많은 고민과 논의, 도전이 필요합니다. 분명한 것은 이제 어느 한 곳에 집중되던 권력이 개인들에게도 분산되고 있다는 사실입니다. 그 가능성에 가장 큰 힘을 실어 주는 것이 바로 NFT입니다.

공정거래위원회는 온라인 플랫폼 사업자의 갑질을 막기 위한 법을 마련하고 있다.

메타버스에서는 방귀도 돈이 된다니

사실 NFT 이전에도 메타버스 플랫폼에는 생산과 소비가 존재했습니다. 제페토는 코인과 젬이라는 가상 화폐 시스템이 있는데, 현금으로 살 수 있습니다. 제페토의 의상 디자이너 렌지는 가상의 옷들을 팔아 한 달에 1천만 원이 훌쩍 넘는 수입을 올린다고 해요. 구찌나 루이뷔통처럼 명품이라 불리는 해외 유명 브랜드의 아이템도 몇천 원이면 살 수 있다 보니 구매자가 몰려들어 플랫폼은 큰 이익을 남깁니다. 이런 아이템에는 굳이 NFT가 필요 없어 보입니다.

물론 디지털 아트에는 NFT가 꼭 필요하겠지요. 최초의 트윗처럼 희귀한 것이라면 '원본'을 가지고 싶은 마음도 듭니다. 어쩌면 '희소성'과 '소유'에 답이 있을지도 모릅니다. 누구나 남들에게 없는 것을 가지고 싶어 하니까요. 오프라인에서 한정판 운동화가 인기를 끌듯 가상 운동화도 한정판이라서 가치가 있었습니다. NFT는 디지털 수집품, 가상 재화라는 새로운 분야를 개척한 것입니다.

디지털 사진이나 모든 플랫폼의 아바타에게 입힐 수 있는 가상 의류를 판매하는 네덜란드 기업 '더 패브리컨트'의 NFT 드레스가 약 1천만 원에 거래되었다.

가상 세계에 NFT로 '원본'이라는 가치가 새로 생겨나자 NFT 거래소에는 상상을 뛰어넘는 콘텐츠들이 잇달아 등장했습니다. 최초의 트윗이나 AI 알파고가 이세돌에게 진 순간처럼 기억할 만한 콘텐츠가 NFT 거래소에 등장해 비싼 값에 팔렸습니다. NBA 명장면도 NFT로 만들어져 팔리는데 그 규모가 하루에 약 400억 원에 달합니다.

NFT 시장이 점차 과열되자 인터넷에서 크게 인기를 끈 사진이나 영상 같은 인터넷 밈 원본이 수천만 원에 거래되는가 하면, 영화감독의 방귀 소리가 수십만 원에 팔리기도 했습니다. 새로운 것에 대한 기대감과 가치 상승에 대한 기대감으로 돈이 몰리고, 오늘의 벼락부자가 내일의 벼락 거지가 되기도 합니다.

이런 모습은 마치 블록체인 기술로 탄생한 가상 화폐이자 암호 화폐인 비트코인을 연상시킵니다. 많은 장점에도 불구하고 화폐가 가져야 할 가장 기본적인 요소인 '안정성'과 국가의 보장이 없어 투기 열풍에 휩쓸린 가상 재화 말입니다.

비트코인이나 이더리움 같은 암호 화폐는 현실의 금이나 현금처럼 서로 교환하거나 대체할 수 있지만, NFT는 현실의 예술품이나 집처럼 대체할 수 없다는 특징이 있습니다. 그래서 '대체 불가능한 토큰'이라는 긴 이름이 붙었습니다. 암호 화폐는 해킹이 어려워도 암호 화폐 거래소가 해킹당하듯이, NFT도 NFT 거래소 해킹의 위험이 존재해 거래에 늘 유의해야 합니다. 게다가 많은 NFT가 암호 화폐로 거래되고 있어서 신중히 투자해야만 하지요.

또 최근 들어 다른 사람의 작품을 표절해 NFT를 발행하거나, 심지어 남의 작품을 허락 없이 몰래 가져와 NFT를 발행하는 일이 늘어났습니다. 창작자의 소유권, 저작권을 보호하는 법과 제도가 뒷받침되지 않는다면, 이런 문제는 계속 생겨날 것입니다.

미래 경제는 메타버스를 타고 달린다

메타버스는 현실과 가상 세계를 잇는 단순한 게임 공간에서 생활, 소통, 학업, 업무, 경제에 이르기까지 전 영역을 아우르는 가상 현실 플랫폼으로 거듭나고 있습니다. 이런 메타버스 플랫폼은 앞으로 점점 더 늘어날 것입니다. 메타버스에서

누구나 사연 많은 인터넷 밈 개구리 페페를 이용해 NFT 콘텐츠를 만들어 거래소에서 판매할 수 있다.

오가는 거래도 더욱 활발해지겠지요. 과거에 흥했던 수많은 포털이 사라지고 몇 개만 살아남았듯이 메타버스도 그렇게 될 까요? 결말은 누구도 모르지만 새로운 세상이 오고 있는 것만 은 분명합니다.

"새로운 경제 생태계가 탄생하고 있다.", "미래 경제는 메타 버스에 달렸고 그 열쇠는 NFT다."라는 말이 여기저기에서 들 려옵니다. 메타버스와 NFT로 인해 우리가 생각하지 못한 콘 텐츠들이 가치를 얻고, 콘텐츠를 생산해 돈을 버는 방법도 다양해질 것입니다.

그러나 가상 세계의 가치를 보증하는 것은 언제나 현실 세계입니다. 우리는 NFT도 비트코인도 현실의 시간과 노력을 투자해 번 돈으로 구매합니다. 가상 운동화 디자이너도 현실에서 프로그램을 돌리고 마우스를 움직이며 땀 흘려 만든 운동화를 메타버스에 업로드한 것이지요. 이 모든 것을 고려하며 법과 제도를 정비해야 합니다.

지금까지의 이야기를 정리한 다음, 메타버스를 책임지는 테크놀로지를 만나러 가 볼까요?

한눈에 핵심 요약

NFT는 블록체인 기술로 탄생한 권리 증명서이며,
복제가 쉬워서 별 가치가 없던 메타버스 속 가상 자산들,
즉 디지털 콘텐츠에 새롭고 높은 가치를 부여했다.

NFT 덕분에 창작자의 힘이 세졌으며
사람들은 좋아하는 것을 수집하는 즐거움,
남에게 없는 걸 나만 가졌다는 만족감과 정체성 확인,
나중에 비싸게 되팔 수 있다는 기대감으로
NFT에 투자하고 있다.

경제 활동이 활발한 환경이 만들어지면서
메타버스는 점점 더 중요한
차세대 플랫폼으로 주목받고 있다.

메타버스에 새로운 경제 시스템이 탄생하고 있다

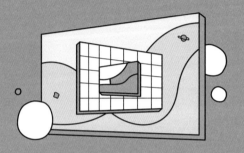

메타버스는
테크놀로지가
책임진다

: 5G, IoT, 빅데이러, AI,
클라우드, 디지털 트윈…

M E T A V E R S E

메타버스와 함께하는 하루

청소년 Z와 보호자는 메타버스를 다룬 다큐멘터리를 함께 시청하고 있습니다.

다큐멘터리 속 주인공 M이 아침에 일어나자 가상 스마트 도시 플랫폼의 아바타도 함께 일어납니다. M은 오늘의 날씨와 교통 정보를 확인하고, 밤새 받은 메시지를 살핍니다. 곧이어 M이 XR 글래스를 끼고 실내 자전거에 올라타자, 거실은 피트니스 센터로 바뀝니다. M은 옆 자전거에 탄 새로운 회원과 인사하며 열심히 페달을 밟습니다.

운동을 마친 M은 냉장고와 연결된 앱을 열고 남은 식자재를 확인한 다음 아침 레시피를 고릅니다. 요리를 완성하자 건강 관리 앱으로 사진을 찍어 식단을 정리하고 밥을 먹습니다.

잠깐 여유가 생기자 새집으로 이사 가기 전에 소파를 어디에 둘지, 책상은 어디에 놓을지 가상 인테리어 플랫폼으로 1밀리미터의 오차도 놓치지 않고 확인합니다. 안 그래도 M은 집을 계약할 때 가상 현실 모델 하우스를 몇 번이나 방문해 창문과 화장실, 벽지와 바닥재를 꼼꼼히 살폈습니다.

이제 가상 사무실로 출근할 시간입니다. 예전에는 줌으로 혼자 일했는데, 새로운 업무 플랫폼은 동료들과 각자 자리에 앉아 함께 일할 수 있어서 실제 회사에 있는 기분이 듭니다.

자, 여기까지 보던 청소년 Z가 기지개를 켜며 말합니다.

"그만 봐요. 저 프로그램은 인공 지능이 난리였을 때도 인공 지능과 함께하는 하루라면서 똑같은 이야기만 하던데? 아침에 일어나서 어쩌고저쩌고."

보호자도 모처럼 Z의 말에 동의합니다.

"맞아. 로봇이나 4차 산업 혁명과 함께하는 하루도 똑같았지. 밥 먹을 때 어쩌고저쩌고. 근데 우리 저녁 뭐 먹지? 냉장고에 뭐 있나?"

Z는 다큐멘터리에 나온 냉장고 앱을 깔고 싶은 충동에 시달렸지만, 자신의 집 냉장고가 십 년이 넘도록 고장 한번 난 적 없이 튼튼하다는 데 생각이 미칩니다. 메타버스는 저 냉장고가 운명해야만 Z의 집에 올 수 있겠네요.

먼 미래에 Z의 집에 그토록 원하던 새 냉장고가 도착했다고 가정해 볼까요? 가장 먼저 무엇이 필요할까요? 그래요, 네트워크! 통신망, 그것도 최첨단 통신망이 깔려야 메타버스가 작동할 수 있다고 했지요. 5G 정도는 되어야 가상 현실을 구축하는 데 필요한 정보를 끊기지 않게 전송할 수 있습니다.

다음은 무엇이 필요할까요? 냉장고가 내 휴대 전화 앱으로 정보를 전송해야 합니다. 바로 사물 인터넷IoT, Internet of Things이 필요하지요. 각종 가전제품, 인공 지능 스피커, 주차장과 자동차, 가로등과 횡단보도, 공장 구석구석까지 이 세상 모든 물건에 통신과 센서 기능을 내장한 칩을 심는 것입니다. 물건들과 통신망으로 연결되면 수집한 정보를 주고받을 수 있습니다.

초연결 세상의 어떤 혁명

IoT의 역사는 제법 오래되었습니다. 1980년대부터 유비쿼터스나 센서 네트워크 등의 이름으로 계속 시도했지만, 칩도 비싸고, 통신망도 따라오지 못하고, 배터리도 크고 무거운 데다 무엇보다 수집한 데이터를 분석하고 저장하는 기술이 없어 지지부진했습니다. 그러나 최근 들어 급격한 ICT 기술 발달로 IoT의 성장은 따라가기 벅찰 정도입니다. 우리나라에서 핀란드 공장을 원격 제어하는 시도가 성공하기도 하고, 미국에서 한국에 있는 우리 집 냉장고 전원을 끌 수 있게 되었지요.

내가 냉장고 문을 몇 번 열었는지까지 모든 게 저장되고 분석된다는 사실이 좀 으스스한 구석이 있지만, 이제는 사물 인터넷을 넘어 사물 지능으로 진화하고 있습니다. 이처럼 사람과 사람, 사람과 사물, 사물과 사물 사이가 통신망으로 연결되어 서로 모든 정보를 주고받는 것을 '초연결'이라고 합니다. 메타버스는 초연결 세상이 뒷받침하는 초월 세계인 것입니다.

초연결 세상에는 데이터가 넘쳐납니다. 문자와 이미지는 물론 영상과 오디오도 흘러넘칩니다. 이렇게 폭발적으로 늘어난 데이터를 '빅데이터'라고 부르지요. 그런데 이 많은 데이터를 언제 다 분석하나요? 걱정할 필요가 전혀 없습니다. 우리에게는 인공지능, 즉 AI가 있으니까요.

우리는 개와 고양이를 몇 번만 쓱 봐도 그다음부터 둘을 쉽게 구분합니다. 하지만 AI는 최소한 수만 번은 학습해야 겨우 구분합니다. 그 학습을 머신 러닝, 딥 러닝이라고 합니다. 예전에는 구하기 어렵던 데이터가 이제는 처치하기 어려울 정도이니, AI가 얼마나 빨리 배우겠어요? 그 진화 속도가 무서울 수밖에 없습니다.

문제는 아직 남았습니다. 자, 이 모든 데이터를 어디에 보

구글의 방대한 데이터를 저장하는 서버가 있는 데이터 센터의 모습. 큰 건물 하나에 컴퓨터들이 가득 들어차 있다.

관하고 저장하면 좋을까요? 이 저장소야말로 모든 것과 연결되어야 할 텐데 말입니다. 예전에는 메모리, 서버, 스토리지 등으로 불리는 저장 장치가 크고 무겁고 비쌌습니다. 그런데 네트워크가 다시 힘을 발휘합니다. 전 세계 여러 곳의 서버를 가상으로 연결해 마치 하나처럼 사용하고, 이렇게 연결된 서버의 중앙 처리 장치CPU를 분산 처리 기술로 작동시킵니다. 이를 클라우드 컴퓨팅, 줄여서 클라우드Cloud라고 부르지요. 이렇게 빅데이터는 마치 구름과도 같은 클라우드에 모조리 저장됩니다.

5G, IoT, 빅데이터, AI, 클라우드······. 어디서 많이 들어 본 말 아닌가요? 맞아요, 4차 산업 혁명! 여기에 로봇과 드론, 자율 주행에 3D 프린터 등 몇 가지만 더하면 완벽하네요. 청소년 Z는 새로 산 냉장고로 메타버스를 좀 체험해 보려고 한 것뿐인데, 그만 4차 산업 혁명을 완전히 정복하고 말았습니다. 메타버스는 최근 몇 년간 눈부시게 발달한 최첨단 테크놀로지가 뒷받침해야만 가능한 가상 세계인 것입니다.

디지털 트랜스포메이션 스테이크

다시 HMD를 쓰고 먹는 가상 스테이크로 돌아갑시다. 최첨단 기술을 모두 훑었어도 여전히 궁금합니다. 가상 스테이크는 도대체 어떻게 만들까요?

답은 간단합니다. 당연히 현실의 스테이크를 '모방'했지요. 어떻게? 아날로그를 디지털로 바꾸었습니다. 레오나르도 다빈치는 붓에 물감을 찍어 캔버스에 모나리자를 그렸습니다. 이 명화를 디지털로 바꾸려면 어떤 과정이 필요할까요? 모든 색깔은 RGBred, green, blue로 디지털화, 즉 정보화할 수 있습니다.

세 가지 색은 각각 256단계로 나뉘고, 이것으로 16,777,216가지 색깔을 나타낼 수 있습니다. 예를 들어 (255, 0, 0)은 빨간색입니다.

모나리자 그림을 잘게 나누어 4,800만 개의 점으로 나눈 다음 각각의 점을 RGB값으로 바꿉니다. 그러면 드디어 어색하지 않은 모나리자 디지털 파일이 완성됩니다. 이때 점 개수가 우리가 평소에 따지는 카메라 화소이자 픽셀이고, 디지털 카메라로 사진을 찍거나 스캔하는 순간 정보 처리 장치에 의

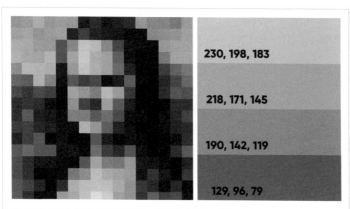

모나리자 그림을 잘게 쪼개 픽셀로 나누면 각각의 픽셀에 값을 지정해 디지털 데이터로 바꿀 수 있다.

해 눈 깜짝할 사이에 디지털 정보로 바뀌는 것입니다.

음악도, 음성도, 사람도, 고양이도, 풍경도 일일이 쪼갤 수 없을 때까지 쪼갠 작은 점에 값을 부여해 디지털로, 즉 가상으로 재탄생됩니다. 우리가 사는 3차원 세계가 모두 가상 세계에 구축되려면 얼마나 많은 디지털 전환이 일어나고 얼마나 많은 데이터가 쌓여야 할까요? 짐작조차 어렵습니다. 이렇게 쌓인 디지털 빅데이터를 AI로 분석하고 클라우드에 저장하는 과정을 통틀어 디지털 전환, 흔히 디지털 트랜스포메이션DT이라고 부릅니다. 이 과정을 거쳐 메타버스가 완성되지요. 다시 말하면 검색과 SNS와 IoT 등으로 끌어모은 빅데이터를 '입력'해 DT를 거쳐 각종 디스플레이에 '출력'하는 일, 그게 바로 여러분이 보는 화면의 정체입니다.

메타버스와 디지털 트윈

사실 지금까지 우리가 접해 온 메타버스는 인터넷 공간에서 아바타를 사용해 소통하고 돈을 쓰는 일에 관한 게 전부라 해도 과언이 아닙니다. 하지만 언제나 그렇듯이 진정한 첨단 기술, 진정한 메타버스의 위력은 공장과 공항, 도로와 병원에 있습니다.

VR, AR, MR, XR 등 메타버스를 더 실감 나게 하는 기술의 목표는 단순히 가상의 것들을 진짜처럼 경험하는 데 있지 않습니다. 예를 들어 자동차 회사 BMW는 모든 공장을 가상 현실로 만들어서 실제 자동차 공장에서 작업하기 전에 모든 과정을 시뮬레이션할 준비를 하고 있습니다. 안전사고도 줄이고 작업 과정도 점검해 비용을 줄일 수 있도록 말입니다. VR은 NASA가 우주 미션을 준비하며 위험 요소를 예측하기 위해 개발되었습니다. AR은 오류가 나서는 안 되는 항공기 부품을 조립하기 위해 시작되었지요.

그래서 메타버스가 지금처럼 주목받기 전부터 '디지털 트윈'을 이루려는 정부와 기업의 노력이 이어져 왔습니다. 디지털 트윈은 가상 세계에 현실의 특징을 똑같이 반영한 쌍둥이 3차원 모델을 만들어, 실제 사물과 실시간 정보를 주고받아 '동기화'하는 기술입니다.

디지털 트윈은 먼 미래의 일이 아닙니다. 제주도에서는 이미 디지털 트윈이 작동해 사람들을 돕고 있습니다.

관련 뉴스 1,000건으로 파헤쳐 본
메타버스 빅데이터

증강현실 클라우드 IOT 업무협약 리얼리티
미래교육 NFT 딥러닝 신산업 시뮬레이션 제페토 넷마블 MZ세대
인공지능 코로나19 메타 AI
아바타 가상세계 AI 프라이버시 3D 산업육성
블록체인
Metaverse
디지털트윈 가상세계 가상공간 비대면 대전환
AI 페이스북 헤드셋 3D
기업들 Meta 스마트테크놀로지 프라이버시
산업육성 네이버 게임 아바타 디지털트랜스포메이션
클라우드 딥러닝

메타버스 워드 클라우드 ⌨▾ Q

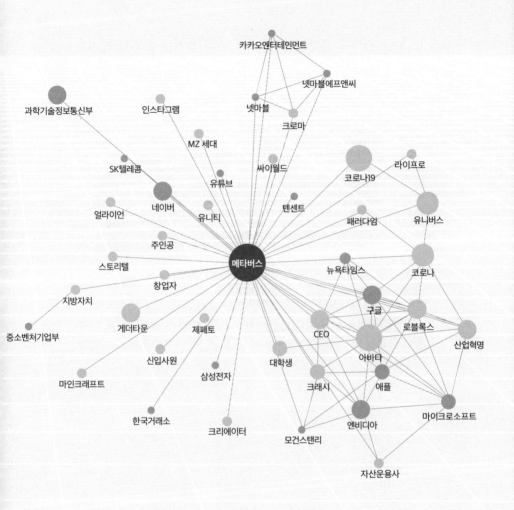

카카오엔터테인먼트

넷마블에프앤씨

넷마블

크로마

과학기술정보통신부

인스타그램

MZ 세대

싸이월드

코로나19

라이프로

SK텔레콤

유튜브

텐센트

패러다임

유니버스

얼라이언

네이버

유니티

주인공

스토리텔

창업자

메타버스

뉴욕타임스

코로나

지방자치

구글

로블록스

중소벤처기업부

게더타운

제페토

CEO

아바타

산업혁명

신입사원

삼성전자

대학생

애플

마인크래프트

크래시

마이크로소프트

한국거래소

크리에이터

앤비디아

모건스탠리

자산운용사

메타버스 관계망

응급 환자가 발생했을 때 관제 센터가 차량 흐름을 실시간으로 파악하고 거리의 모든 신호등을 제어해 가장 빠른 길로 안내하는 시스템을 시행하고 있습니다. 대도시의 구조물과 지형을 디지털 트윈으로 구현하면 교통 흐름과 일조권 침해를 파악하고 범죄도 예방할 수 있습니다. 기후 변화로 폭염과 한파와 산불이 몰아칠 때 이를 미리 막거나 사람들을 안전하게 대피시킬 수도 있고요.

디지털 트윈은 ICT 기술로 쾌적한 삶을 누리는 스마트 도시와 가상 세계에서 즐겁고 의미 있는 삶을 누리는 메타버스를 든든히 뒷받침하는 기술입니다.

지금까지의 이야기를 정리한 다음, 마지막 이야기를 나누어 봅시다.

5G, IoT, 빅데이터, AI, 클라우드,
디지털 트랜스포메이션, 디지털 트윈……
4차 산업 혁명의 모든 최첨단 테크놀로지가
메타버스를 탄생시켰다.

메타버스는 테크놀로지의 힘으로 나아간다

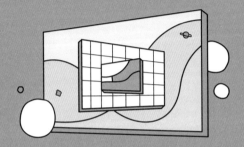

종점

현실을 북돋아
메타버스에 날개를!

METAVERSE

세상에 하나뿐인 고양이의 가치

크립토키티라는 가상 프로젝트가 있습니다. 이용자들은 가상의 고양이를 사고 기르고 팔지요. 가상의 고양이들은 저마다 다르게 생겼습니다. 눈과 털의 색깔, 입 모양, 꼬리, 수염, 무늬 등 모든 게 다릅니다. 이 하나뿐인 고양이들을 교배하면 다시 하나뿐인 고양이가 탄생합니다. 이 고유한 고양이에게 NFT를 부여하면 완성입니다.

이용자들은 NFT가 보증한 고양이들을 암호 화폐 이더리움으로 거래합니다. '드래곤'이라는 고양이는 2018년 600이더리움에 팔렸는데, 당시 그 가치가 우리 돈 1억 원을 훌쩍 넘었습니다. 2021년 12월 시세로는 10억 원이 넘는다고 하니, 이 정도면 아주 훌륭한 투자 가치가 있는 듯 보입니다.

하지만 암호 화폐 비트코인이 불러온 현실처럼 벼락부자와 벼락 거지 사이의 거리는 그리 멀지 않습니다. 게다가 NFT 콘텐츠를 비싸게 사들여 이슈를 만들어 내는 사람들을 잘 살펴보면, 블록체인 플랫폼을 운영하거나 그와 관련된 일을 하는 사람인 경우가 많습니다. 경매에서 디지털 아티스트 비플의 작품을 최고가에 낙찰받아 붐을 일으킨 사람도 알고 보니

NFT로 고유성이 보장되는 크립토키티. 맨 오른쪽 크립토키티가 약 10억 원까지 올랐던 드래곤이다.

NFT 펀드의 창업자였다고 하지요.

"돈을 벌 기회를 먼저 잡아라!"라는 게 메타버스의 메시지는 결코 아닐 것입니다. 메타버스는 백신이라는 실마리를 발견했음에도 오래도록 우리 곁을 떠나지 않는 코로나19 때문에 답답하고 우울한 현실에서, 희망을 찾으려는 사람들이 만들어 낸 플랫폼입니다. 새로운 소통 방식을 갈망하고, 더 나은 경제 시스템을 꿈꾸는 사람들이 만든 가상 세계인 거예요.

메타버스가 의미 있는 것은 각각의 플랫폼 속 가상 세계가 현실과 맞닿아 있어서입니다. 이미 있던 평범한 게임이 메타버스로 리부트될 수 있었던 것은 이 '연결' 때문이었습니다. 메타버스가 우리 곁에 가까이 다가올수록 우리는 이 연결이 어떤 방식이어야 하는지 더 깊이 생각하고 고민해야 합니다.

크립토키티는 재미도 있고 돈도 벌 수 있으니, 그리 나쁘지 않은 게임일 수 있습니다. 하지만 현실의 고양이들을 한번 떠올려 보세요. 불과 수십 년 전까지만 해도 인간들은 비둘기와 개 등 온갖 동물을 마음대로 교배시켜 새로운 품종을 만들어 내는 일을 취미로 삼고, 더 우월한 품종을 뽑는 대회를 열어 상금을 걸었습니다.

지금은 누구나 그것이 잘못된 행동이고 명백한 동물 학대라는 사실을 압니다. 이 세상 모든 고양이는 저마다 과거에도 없었고 미래에도 없을, 이 지구상에 단 하나뿐인 고유한 존재입니다. 인간도 마찬가지입니다. 게임은 게임일 뿐이라지만 희귀종을 만들려 애쓰고 그것으로 돈을 버는 방식이라면 마음 한구석이 불편할 수밖에 없습니다. 가상과 현실은 그 불편함이 사라지는 방향으로 연결되어야 합니다.

크립토키티처럼 새로운 조합으로 희귀한 캐릭터를 만들어 내는 크립토펑크라는 프로젝트도 있습니다. 크립토펑크는

1만 명의 여자, 남자, 외계인, 좀비, 유인원에 성격, 헤어 스타일, 옷, 액세서리 등을 무작위로 조합해 고유한 캐릭터를 탄생시킵니다. 고양이와 마찬가지로 NFT가 부여되는데, 소더비 경매에서 마스크를 쓴 매우 희귀한 캐릭터가 1,180만 달러_약 _{130억 원}에 낙찰되었지요.

확률을 좇아 캐릭터를 탄생시키는 일은 꽤 흥미롭지만, '희귀성'과 '고유성'은 엄연히 다릅니다. 인간은 희귀해서 존엄한 게 아니라 흔하고 평범해도 고유하기에 존엄합니다. 인간을

NFT로 고유성이 보장되는 크립토펑크. 맨 오른쪽 크립토펑크가 약 130억 원에 낙찰되었다.

조합하는 가상 프로젝트는 현실의 인간을 바라보는 시선에도 나쁜 영향을 미칠 것입니다. 가상과 현실은 연결되어 있으니까요.

자신을 예술 테러리스트라고 부르는 괴짜 아티스트 뱅크시에 관한 이야기를 들어 본 적이 있을 거예요. 모습을 드러내지 않은 채 남들이 보지 않을 때 작품을 완성하고 사라지기로 유명합니다. 자신의 그림이 소더비 경매에서 104만 2천 파운드약 16억 원에 팔리자, 뱅크시는 그림에 미리 설치해 둔 분쇄 기계를 원격 조종해 그림을 파쇄해 버렸습니다.

뱅크시의 작품 중에 〈바보들Morons〉이라는 그림이 있습니다. 한 블록체인 기업이 이 그림을 1억 원에 사들인 뒤 이미지로 만들어 NFT로 발행했습니다. 디지털 원본과 그림 원본, 두 개의 원본이 생긴 셈이지요.

진짜 같은 가짜, 가짜 같은 진짜

그런데 그들은 놀랍게도 뱅크시의 그림 원본을 불태워 버렸습니다. NFT가 부여된 디지털 파일도 현실의 진품 명품처럼 원본이 될 수 있다는 사실을 증명하고 싶었던 걸까요? 이 퍼포먼스는 현실과 가상, 진짜와 가짜의 관계에 대해 많은 생각을 하게 합니다.

2011년 전기전자공학자협회IEEE의 가상 현실 콘퍼런스에서 흥미로운 연구 결과가 발표되었습니다. 참가자들을 작은 공간에 두고 12개 방이 연결된 가상 현실을 제공한 실험이었지요. 참가자들은 HMD를 쓰고 접속한 가상 세계에서 문이 계속 열리고 닫히니까 자신이 작은 공간을 빙글빙글 돌고 있다는 사실을 전혀 눈치채지 못했습니다. 77명의 연구 참여자 가운데 단 1명만이 이상하다는 걸 느꼈어요.

우리 뇌는 참 쉽게 속아 넘어갑니다. 가상 현실에 인간이 착각할 수 있는 환경을 만든다면 구별할 방법이 거의 없습니다. 판화가 에서의 그림에는 '펜로즈의 계단'이 자주 등장하는데, 처음과 끝 계단이 연결되어 계속 제자리로 돌아오게 되는 계단입니다. 이처럼 현실에 존재할 수 없는 공간도 가상 현실에서는 위화감 없이 돌아다닐 수 있지요.

전쟁이나 교통사고로 팔다리를 절단한 사람 중에는 팔다리에 극심한 통증을 느끼는 사람이 꽤 많습니다. 이 증상을 환상

통 또는 유령통이라고 하는데, 이때 "당신에겐 팔다리가 없다 니까요."라고 말해 봤자 소용없습니다. 반면에 혼합 현실 기술 을 활용해 환자가 손이 있는 것처럼 착각하게 해서 가상의 손 을 움직이게 만들면 통증을 줄일 수 있습니다. 환상통은 결국 뇌의 문제입니다. 사실 인간의 뇌는 어떤 점에서 보면 가상 현 실과 비슷합니다.

인간은 어떻게 세상을 살아갈까요? 다시 물을게요. 지금 읽는 물건이 책이라는 걸 여러분은 어떻게 아나요? 책의 모양과 표지를 눈으로 보고, 손으로 책을 쓰다듬으며 그 촉감을 느끼고, 페이지가 넘어가는 소리를 귀로 듣고, 책에 코를 박아 종이 냄새를 맡고, 마지막으로 혀로 핥아서 종이 맛을 본 뒤에 "음, 종이 빨대 맛이 나는 걸 보니 확실히 종이로 만든 책이군." 하면서 최종 판단을 내리겠지요.

이처럼 인간은 시각, 청각, 후각, 촉각, 미각과 같은 감각으로 세상을 경험합니다. 그 감각 신호는 모두 뇌로 가는데, 뇌가 직접 경험하는 게 아니라 신호를 읽어 내는 것입니다. 우리 뇌는 이미 세상을 간접적으로 경험하고 있습니다. 그러니까 HMD를 쓰거나 전신 VR 수트를 입고 가상 현실을 경험하든, 모든 감각을 차단당하고 뇌에 직접 신호를 주입해 가상 현실을 경험하든, 현재의 뇌가 세상을 경험하는 방식과 크게 다를 바 없다고 볼 수 있지요.

몰입, 제가 한번 해 보겠습니다

뇌 자체가 세상을 간접적으로 경험하다 보니 온갖 사고 실험이 등장합니다. 옛날부터 집요하게 생각하기를 좋아하는 철학자들은 '통속의 뇌' 같은 가설을 세워서 "나는 통 속에 담긴 뇌고, 과학자가 내 뇌에 전기 자극을 주고 있다면 통 속에 담긴 뇌인 나는 자신이 진짜 사람인지 아닌지, 현실이 존재하는지 아닌지 알 수 있을까?"라는 질문을 던지며 생각에 생각을 거듭합니다. 옥스퍼드 대학교의 철학 교수인 닉 보스트롬도 우리가 사는 세상이 컴퓨터 시뮬레이션일 수 있다고 진지하게 논증합니다.

다행히 아직 VR 기기와 가상 현실 제작 프로그램이 완벽하지 않아서 현실과 가상 세계를 크게 헷갈릴 일은 없습니다. "행복한 가상 세계와 공부에 찌든 현실 중에 무엇을 선택할 것인가?"라고 진지하게 물어 봤자 당연히 현실을 선택하겠지요. 안경도 불편한데 그 무거운 HMD를 어떻게 24시간이나 쓰겠어요? 게다가 머리를 움직여도 HMD의 반응이 미묘하게 느려서 사이버 멀미가 생기니 어지럽고 속도 미식거립니다.

지금은 누구라도 머리에 HMD를 쓰고 손에는 VR 리모컨을 들면 어색해합니다. 고층 빌딩 밖 널빤지에 놓인 케이크를 집어 오느라 다리가 후들후들하면서도, 한편으로는 허공에 손을 허우적대는 모습이 남들 보기에 얼마나 우스꽝스러울지 신경 쓰느라 몰입하기 어렵지요.

가상과 현실을 혼동하는 수준이 되려면 시간이 더 필요합니다. HMD만 쓰면 현실을 잊고 곧바로 가상 세계로 풍덩 빠질 만큼 기술이 훨씬 더 발전해야 해요. 완벽한 가상 현실을 풀다이브Fulldive라고 부르는 이유입니다. 완전 몰입이라고도 하지요.

장비나 그래픽보다 중요한 것은 몰입일지도 모릅니다. 가상을 현실처럼 느끼게 만드는 것을 실감 콘텐츠라고 하는데, 시 한 편에 눈물이 흐른다면 그야말로 훌륭한 실감 콘텐츠인 것입니다. 몰입은 기술이 뒷받침되어야 하지만 받아들이는 사람의 심리적인 태도도 중요합니다.

메타버스가 행복하려면 현실이 행복해야 해

의심할 여지 없이 메타버스 플랫폼도, 메타버스를 체험하는 AR, XR 기술과 장비도 계속 발전할 것입니다. 메타버스의 미래가 매력적이라면 여러분의 미래도 함께 설계해 보세요. 개발자가 되고 싶다면 강력한 실시간 3D 제작 도구인 '언리

얼엔진'이나 3D, 2D 비디오 게임 개발을 지원하는 '유니티'를 한번 다루어 보세요. 코딩은 물론 홀로그램, 비전 AI, 블록체인에 관한 동영상도 더 많이 찾아봅시다.

앞으로 한동안 어떤 메타버스 플랫폼은 더 크게 성공할 테고, 어떤 메타버스 플랫폼은 사라지고 잊힐 것입니다. 메타버스 플랫폼을 성공시키는 것은 결국 '콘텐츠'일 테니, 여행과 전시와 스포츠와 요리 등 다양한 이야깃거리와 아이디어를 가상 세계에 실감 나게 접목하는 기획자나 스토리텔러를 꿈꾸는 건 어떨까요. 혹은 크리에이터가 되어 내 작품에 NFT를 부여해 디지털 마켓에 내놓아도 좋겠지요.

특별히 메타버스와 관련된 미래나 진로를 생각하지 않더라도 현실이 답답하다면 메타버스 플랫폼에서 마음껏 아바타를 만들어도 좋습니다. 어떤 캐릭터든 그게 전부 '나'일 테니 진짜 나는 누구일까 너무 고민할 필요 없습니다.

나의 부캐릭터들과 사이좋은 친구가 되어 보세요. 욕심도 많고 부족함도 많은 나지만, 나의 아바타들이 가상 세계로 나갔다가도 언제든 다시 돌아올 만큼의 자리만 마음속에 마련해 두면 됩니다. 그러다 보면 스스로가 어떤 사람인지 잘 알게 되고, 내 본래 캐릭터도 더 탄탄해질 테니까요.

　메타버스는 당연히 장밋빛 미래만은 아닐 것입니다. 이미 여러 메타버스 플랫폼에서 성희롱과 혐오 표현이 쏟아지고, 따돌림과 괴롭힘이 성행하고 있으니까요. 아바타 사이의 폭력 사건도 발생할 것이고 사기와 협박, 채무 관계도 생겨날 것입니다. 개인 정보 유출은 더욱 늘어나고 표절과 베끼기도 끊이지 않겠지요. 권력을 쥔 사람이 빅브라더가 되어 시민을 감시하는 일도 더욱 쉬워질 것입니다. 이를 막기 위해 법과 제도를

부정적인 미래를 그린 디스토피아 소설 표지들. 암울한 현실은 암울한 미래를 상상케 만든다.

빨리, 그리고 제대로 만드는 일이 반드시 필요하겠지요!

사실 이런 문제는 현실에서 늘 일어나고 있습니다. 현실의 어두운 측면이 고스란히 가상 세계로 옮아가는 것이지요. 에버노트 창립자인 필 리빈은 메타버스를 찬양하고 메타버스로 돈을 버는 사람들이 정작 메타버스를 좋아하지 않는다고 꼬집습니다. 돈 많은 그들은 현실의 최고급 휴양지에서 서핑하고 스키를 타지, 메타버스에서 여가를 즐기지 않는다고요.

삶에 쫓기는 사람들만이 메타버스 속 가상 휴양지에서 위로받고, 메타버스가 그런 사람들의 불만을 누르기 위해 존재한다면 그만큼 슬픈 일은 없을 것입니다. 이 모든 불행을 막기 위해 우리가 꼭 기억해야 할 두 가지 이야기가 있습니다.

첫째, 현실이 행복해야 메타버스도 행복합니다. 메타버스는 현실을 반영하고 현실과 이어져 있으니까요. 메타버스가 불행한 현실을 외면하는 도피처가 되어서는 안 됩니다. 그러려면 가진 게 없는 사람도 최소한의 즐거운 삶을 누릴 수 있는 세상을 만들어야 합니다. 메타버스에 올라타기 전에 현실의 문제를 먼저 해결해야 하지요. 소에게 HMD를 씌울 돈으로 동물 복지 농장을 만드는 게 우선입니다.

둘째, 지구가 건강해야 메타버스도 건강합니다. 메타버스 플랫폼이 가능해지려면 어마어마한 정보가 클라우드 서버에 늘 저장되어 있어야 합니다. 대규모 서버를 유지하고 대용량 정보를 처리하려면 엄청난 에너지가 필요하지요. 얼마 전 단 두 점의 NFT 작품이 유럽 시민 1명이 49년 동안 쓰는 만큼의 전기를 소모했다는 분석이 발표되었습니다. 메타버스는 기후 위기 시대에 그야말로 아귀처럼 에너지를 빨아들일지 모릅니다. 심각해진 기후 재난으로 서버와 통신망이 셧다운된다면,

세상은 초고속으로 멈출 것입니다.

이 세계는 동영상 스트리밍을 멈추고 내려받아 보자는 포스터 옆에 3D 360도 가상 현실을 스트리밍하는 메타버스를 앞당기자는 포스터가 나란히 놓이는 세상입니다. 그러니 우리는 에너지 소모가 적은 방식의 메타버스와 블록체인 기술을 개발해야 합니다. 첨단 테크놀로지는 내딛는 한 걸음 한 걸음마다 지구의 미래를 생각해야 할 것입니다.

참고 도서 및 자료

「리부트 메타버스 2.0」, 한국지능정보사회진흥원, 2021년.

「디지털 트윈 활성화 전략」, 과학기술성보동신부, 2021년.

「Meraverse, 가상과 현실의 경계를 넘어」, 과학기술정책연구원, 2021년.

「포스트 코로나 시대의 핵심 기술: VR/AR 산업과 규제 이슈」, 강준모 외, 2020년.

「국내외 가상 증강 현실 시장 현황 및 전망」, 한국가상증강현실산업협회, 2019년.

『메타버스, 이미 시작된 미래』, 이임복, 천그루숲, 2021년.

『메타버스』, 김상균, 플랜비디자인, 2020년.

『NFT 레볼루션』, 롤프 회퍼 외, 더퀘스트, 2021년.

『VR Book』, 제이슨 제럴드, 에이콘출판사, 2019년.

『인간을 읽어내는 과학』, 김대식, 21세기북스, 2017년.

〈메타버스, 새로운 가상 융합 플랫폼의 미래 가치〉, 한림원탁토론회, 한국과학기술한림원.

〈언택트 시대 기업이 메타버스로 간 까닭은?〉, EBS 비즈니스 리뷰, EBS.

〈메가트렌드 NFT〉, EBS 비즈니스 리뷰, EBS.

〈우리 아들딸이 사는 딴 세상, 메타버스〉, 차이나는클라스, JTBC.

〈메타버스에 대한 모든 것〉, 미래수업, tvN.

사진 출처

세상 궁금한 십대

타고 갈래? 메타버스

초판 1쇄 펴낸날 2022년 3월 14일
초판 3쇄 펴낸날 2023년 4월 27일

지은이   소이언
펴낸이   홍지연

편집   홍소연 고영완 이태화 전희선 조어진 서경민
디자인   권수아 박태연 박해연
마케팅   강점원 최은 신종연 김신애
경영지원 정상희 곽해림

펴낸곳   (주)우리학교
출판등록 제313-2009-26호(2009년 1월 5일)
주소   04029 서울시 마포구 동교로12안길 8
전화   02-6012-6094
팩스   02-6012-6092
홈페이지 www.woorischool.co.kr
이메일   woorischool@naver.com

ⓒ소이언, 2022
ISBN 979-11-6755-044-6 43300

만든 사람들
편집   정아름
표지 디자인 THISCOVER
본문 디자인 전나리